Эдвард де Боно

ВОДНАЯ ЛОГИКА

МИНСК

2006

УДК 159.955
ББК 88.3
　　Б81

Перевёл с английского *Е. А. Самсонов* по изданию:
WATER LOGIC by Edward de Bono. —
London : «PENGUIN BOOKS», 1994.
На русском языке публикуется впервые.

Охраняется законом об авторском праве. Нарушение ограничений, накладываемых им на воспроизведение всей этой книги или любой её части, включая оформление, преследуется в судебном порядке.

Боно, Э.
Б81　　Водная логика [Текст] / Э. Боно ; пер. с англ. Е. А. Самсонов. — Мн. : «Попурри», 2006. — 240 с.
　　　ISBN 985-483-634-7.

　　Предлагается простой, но эффективный способ мышления, позволяющий решать практические задачи с помощью графических «потокограмм»; таким образом, понятие потока («Куда это ведёт?») является базовым в «водной» логике, чем она и отличается от традиционной «каменной», опирающейся на понятие объекта («Что это такое?»).
　　Для широкого круга читателей.

УДК 159.955
ББК 88.3

ISBN 0-14-023075-0 (англ.) © McQuaig Group, Inc., 1993
ISBN 985-483-634-7 (рус.) © Перевод. Издание на русском языке.
Оформление. ООО «Попурри», 2006

ПРЕДИСЛОВИЕ

Джонни — маленький австралийский мальчик. Однажды друзья предложили ему на выбор однодолларовую и двухдолларовую монеты. В Австралии однодолларовая монета гораздо больше по размеру, чем двухдолларовая. Джонни выбрал однодолларовую. Друзей это развеселило, и они сочли Джонни дурачком: он до сих пор не знает, что меньшая по размеру монета стоит в два раза дороже, чем бо́льшая! Всякий раз, когда им хотелось показать, какой дурачок этот Джонни, они повторяли эксперимент. Джонни всякий раз повторял ошибку.

Однажды один человек, который наблюдал за происходящим, пожалел Джонни и, отведя мальчика в сторонку, объяснил ему, что маленькая монета на самом-то деле в два раза ценнее большой.

Джонни внимательно выслушал, а затем сказал: «Да, я знаю. Но сколько раз они предложили бы мне свои монеты, если бы я выбрал двухдолларовую монету в первый же раз?»

Компьютер, запрограммированный на то, чтобы выбирать между объектами разной ценности, выбрал бы двухдолларовую монету с первого раза. Именно человеческое восприятие позволило Джонни подойти к делу по-другому, разглядев выгодную для себя перспективу: возможность повторения сделки, возможность получить еще больше однодолларовых монет. Разумеется, имел место риск, и факторов, которые необходимо было принять во внимание, было множество: как много раз ему предстояло увидеться еще с этими парнями? Станут ли они предлагать ему опять монеты на выбор? Захочется ли им отдавать ему однодолларовые монеты и впредь?

В этой истории есть два момента, которые напрямую относятся к данной книге.

Первый момент состоит в великом значении человеческого восприятия, и как раз этому посвящена моя книга. Восприятие в значительной степени отличается от традиционного понятия логики.

Второй момент, вытекающий из рассказанной только что истории, состоит в разнице между мышлением Джонни и «мышлением» компьютера. «Мышление» компьютера основывается на слове «быть». Компьютер «рассуждал бы» так: «Какая из этих двух монет *является* более ценной?» В результате компьютер выбрал бы меньшую по размеру двухдолларовую монету. Мышление же Джонни основывается не на «быть», а на «куда»*. *Куда это меня приведет?» «Что будет, если я возьму однодолларовую монету?» Традиционная — каменная —

---

* А также «туда», «в», «к», «в направлении к», то есть на любом предлоге, грамматическом обороте и т. п., который указывает на переход (перетекание) из одного места в другое или из одного состояния в другое. — *Прим. перев.*

логика основывается на «быть». Логика восприятия — это водная логика, и основывается она на «куда».

Главная идея данной книги поразительно проста, проста настолько, что многие люди сочтут ее слишком трудной для понимания. Такие люди считают, что сложность обсуждаемой темы свидетельствует о серьезности автора. В то же время сложные вопросы оказываются очень простыми, стоит их только понять. Поскольку тема очень проста, я попытаюсь развить ее наиболее простым способом. При этом следует знать, что вытекающие из данной темы следствия весьма важны, действенны и... сложны.

Меня всегда интересовали практические приложения теории. В данной книге вы найдете много практических процессов, методов и приложений. Думаю, вам хотелось бы иметь возможность «видеть» процесс собственного мышления, как, например, вы видите ландшафт внизу из иллюминатора самолета. И такая возможность существует. Как это сделать, я расскажу ниже. Это поможет вам понять, каково ваше восприятие на данный момент времени, и даже попытаться изменить его себе на пользу.

Я знаю, что мои книги читают люди разного рода: те, кого искренне интересует вопрос, который, надо признать, обходит вниманием научная мысль, а именно: как работает человеческое мышление, а также те, кому нужны лишь практические сиюминутные методы и инструменты. Читателю последнего типа может показаться скучной теоретическая часть книги — они сочтут ее сложной и ненужной. Был бы рад сказать такому читателю: «Пропусти главу... и главу...» Но я не стану этого делать, потому что мышление и так предостаточно пострадало в результате того, что люди слишком увлекались уловками и трюками, предлагавшимися им на веру, не будучи подкрепленными основательной базой. Очень важно уяснить для себя теоретическую базу, с тем чтобы использовать вытекающие из нее практические приемы вполне осознанно. Кроме того, мыслительные процессы, лежащие в основе того, о чем пойдет далее речь, чрезвычайно интересны сами по себе. Цель, состоящая в том, чтобы понять, как работает человеческий мозг, заслуживает самого пристального внимания.

В этой книге я не использовал математических обозначений и формул, потому что считаю ошибочным мнение, что математика (законы зависимостей и протекания процессов в заданном универсуме) обязана выражаться математическим языком (специальными символами), который большинство людей не понимают. Несколько лет назад профессор Гелл-Ман Марри из Калифорнийского технологического университета, лауреат Нобелевской премии за изобретение/открытие/описание кварка, получил от кого-то мою книгу «Механизм разума» («The Mechanism of Mind»), опубликованную в 1969 году. Делясь со мной впечатлениями от прочитанного, он сказал, что нашел мою книгу очень интересной, поскольку я, по его мнению, «набрел на определенные процессы за десять лет до того, как математики начали описывать их». Речь шла о процессах в самоорганизующихся системах, которые интересовали его самого в связи с его работой над теорией хаоса.

Данная книга является первой попыткой познакомить читателя с принципами водной логики, и я хочу также предложить метод, посредством которого ее можно было бы использовать на практике.

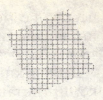

ВВЕДЕНИЕ

«Водная логика» перекликается с моей предыдущей книгой «Я прав — ты нет» («I am Right — You are Wrong»). В той книге я ставил перед собой задачу показать, что традиционные черты западного мышления не выдерживают критики и что наша вера в их правильность препятствует нашему развитию и даже представляет опасность. К этим традиционным чертам относятся критический поиск «правды», спор и соперничество как способы обретения истины, а также все остальные характеристики каменной логики с ее грубыми подходами и бескомпромиссностью.

Эти традиции мышления, по большому счету, пришли к нам от троицы греков-классиков: Сократа, Платона и Аристотеля, которые стояли у истоков западного мышления. После догм средневековья возврат к классическому мышлению стал по-настоящему глотком свежего воздуха, и рассматриваемые принципы мышления были использованы как церковью (став в ее руках оружием для борьбы с ересью), так и мыслителями-гуманистами, которые искали пути свержения церковной догмы. Впоследствии они легли в основу мышления западной цивилизации.

К сожалению, данный способ мышления лишен творческой и конструктивной энергии, в которой мы так нуждаемся. Другим недостатком является то, что при этом не принимается во внимание огромное значение восприятия, веры и «народного» знания. Наконец, каменная логика усугубляет наихудшие недостатки человеческого разума. Вот доказательство: мы добились больших успехов в техническом прогрессе, но совсем малых — в межличностных отношениях. Впервые в истории мы что-то знаем о работе мозга как самоорганизующейся информационной системы — и уже сейчас можно делать некоторые важные выводы.

Как я и предсказывал, предыдущая книга была встречена с неприятием, переходящим в столь сильную истерию, что ситуация превратилась скорее в комичную, чем обидную. Никто из тех, кто критиковал книгу, никоим образом не оспаривал ее основных тезисов. Нападки были из разряда личностных обвинений или возражений по незначительным поводам — это всегда является верным показателем того, что критик не рецензирует книгу, а предпочитает нападать на автора. Жаль, поскольку речь идет об очень важном вопросе, который заслуживает гораздо больше внимания, чем получает в действительности.

Эйнштейн когда-то сказал: «Великие умы всегда встречали ожесточенное сопротивление со стороны посредственных умов». Это не значит, что ожесточенное сопротивление со стороны посредственных умов автоматически делает человека великим умом, но указывает на то, что ожесточенность оппозиции часто свидетельствует об эмоциях, а не о наличии здравого смысла.

Чтобы восстановить баланс, поскольку предмет заслуживает того, я попросил трех лауреатов Нобелевской премии в области физики написать свое предисловие к книге. Эти предисловия позволили взглянуть на вопрос с точки зрения авторитетной науки. Почему физиков? Потому что физики посвящают очень много времени рассмотрению фундаментальных процессов и их возможных приложений.

Сначала я планировал добавить в книгу главу, посвященную водной логике. Однако в конце концов книга получалась слишком большой, а глава, с другой стороны, недостаточно объемной, чтобы можно было раскрыть тему. Я пообещал читателям, что уделю ей достаточно внимания в одной из своих последующих публикаций, и настоящая книга как раз и написана с этой целью.

В рамках традиционной системы мышления мы старались держаться подальше от смутных и нестабильных *восприятий*, чтобы иметь возможность оперировать такими конкретными вещами, как математика и логика. Мы достаточно далеко продвинулись в этом направлении и теперь можем вернуться к восприятию как таковому. На самом деле у нас просто нет иного выхода, поскольку, если наши восприятия ложны, тогда самая идеальная их обработка может дать нам только ложный ответ, а его последствия могут быть опасными. Из опыта мы знаем, что обе стороны в любой войне, конфликте или споре всегда имеют свою «логику». Именно так — логику, которая служит их конкретному мировосприятию.

Таким образом, данная книга посвящена водной логике восприятия.

Как рождаются восприятия? Каковы их истоки и природа? Как нервные структуры в мозге формируют и используют восприятия? Как восприятия становятся стабильными — настолько, чтобы стать убеждениями? Можно ли изучать свои восприятия в отношении конкретного объекта или ситуации? В состоянии ли мы менять свои восприятия, и если да, с чего следует начинать?

Данная книга не дает всех ответов на эти вопросы, но после ее прочтения у читателя должно сформироваться понимание того, чем водная логика отличается от каменной.

СТРУКТУРА КНИГИ

Вначале я рассказываю о значении восприятия, являющегося результатом деятельности во внутреннем мире, где оперирует наш разум. Он отличается от внешнего — окружающего нас — мира. В рамках традиционного мышления мы стараемся отойти от восприятия, с тем чтобы напрямую иметь дело с «истиной» реального мира.

Настало время обратить внимание на восприятие как таковое.

Далее вводится понятие водной логики и потока. Традиционная логика является *каменной* логикой, в ее основе лежит слово «быть», и она требует точных данных о предмете изучения. В основе водной логики лежит слово «куда» — куда приведет нас течение мысли?

Затем рассматривается аналогия с поведением простейшей медузы, иллюстрирующая, каким образом механизм потока обеспечивает стабильность самоорганизующейся системы. Рассматриваются различные варианты поточных схем.

Рассматривается также вопрос о ментальных потоках в нашем мозге и о том, как в результате их движения порождаются восприятия. Аналогия с поведением медуз переносится на поведение нервных структур в мозге, при этом принципы остаются неизменными.

Вводится практический метод под названием «потокограмма». Данный метод позволяет нам видеть «форму» наших восприятий. Далее объясняется, как строятся потокограммы.

Поток сознания предоставляет нам элементы для включения в «базовый перечень», на основании которого затем строится потокограмма. Обсуждается также вопрос о природе базового перечня.

Следующая глава посвящена рассмотрению потокограмм, более сложных по своей структуре, и соответствующим комментариям.

Далее обсуждается вопрос о значении концепций в водной логике и восприятии. Концепции дают нам гибкость и динамику мышления. Концепции, о которых идет речь, необязательно должны быть точными — некоторая «расплывчатость» даже полезна.

Возникает вопрос: можем ли мы влиять на восприятия с целью их изменения? Соответствующая глава посвящена методам вмешательства в мир наших восприятий на основе потокограмм. Хотя потокограммы имеют дело с внутренним миром, где царят восприятия, мы в состоянии строить на основе потокограмм определённые стратегии поведения о внешнем мире.

Понятие контекста является важнейшим в водной логике, поскольку если меняется контекст, то направление потоков также может измениться. В этом заключается значительное отличие от надуманных абсолютов, свойственных каменной логике.

Основываясь на восприятиях, потокограммы являются вещью сугубо индивидуальной. Тем не менее есть возможность переносить на бумагу восприятия других людей. Этого можно добиться различными способами: от построения потокограмм по результатам обсуждения в группе до построения таковых на основе догадок. Даже догадки способны подсказать нам нужные стратегии поведения.

Наше внимание к событиям внешнего мира в значительной мере зависит от шаблонов восприятия, созданных нами же в собственном внутреннем мире. Данный вопрос также рассматривается в книге. Особое внимание посвящается отношениям между искусством и потоками внимания.

Далее рассматриваются трудности практического характера, с которыми может столкнуться человек, строящий потокограммы, и дается ряд советов, как эти трудности можно преодолевать.

Заключительная глава сводит вместе все сказанное о природе водной логики и практическом методе потокограмм. Водная логика не существует просто как альтернатива каменной логике.

Эдвард де Боно,
Палаццо-Марниси, Мальта

ВНЕШНИЙ МИР, ВНУТРЕННИЙ МИР

Первоначально я хотел назвать эту главу «Восприятие и реальность». В традиционном понимании вопроса это навело бы читателя на мысль о том, что существует реальность «где-то там», равно как существует и восприятие — нечто отличное от реальности.

Однако восприятие так же реально, как и любой другой объект; более того, восприятие для человека даже более реально, чем сама реальность. Ужас ребенка, принимающего движения занавески за что-то зловещее, весьма реален. Трепет шизофреника перед мучающими его внутренними голосами очень реален. Можно сказать, что на самом деле восприятие и есть единственная реальность для человека. Это реальность, которой он нечасто делится с окружающими, и она не всегда может точно соответствовать тому, что на деле происходит в мире, но восприятие, тем не менее, вещь очень даже реальная.

Уже несколько столетий подряд западное мышление находится под влиянием аналогии, именуемой «Платонова пещера»: разум уподоблен человеку, прикованному в пещере так, что он видит лишь заднюю ее стену и тени, отбрасываемые на стену, а не «реальность», являющуюся причиной возникновения теней. Соответственно, философы в таком контексте и заняты поисками «истины», которая порождает означенные тени, или, иначе говоря, восприятия. Следует признать тот факт, что некоторые люди вроде Фрейда и Юнга посвятили много времени исследованию этих самых теней, уделяя при этом недостаточно внимания восприятию в целом. Недостаток интереса к такому явлению, как восприятие, вполне объясним. Людям хочется уйти от неясности, которая ассоциируется с восприятием, и иметь дело с определенностью, которую им дарит истина. Что еще более важно, когда не понимаешь, как функционируют восприятия, ничего другого не остается, как описывать их. К пониманию же механизма восприятия мы пришли лишь сравнительно недавно.

Усадьба времен короля Георга возвышается посреди равнинного ландшафта. Группа людей приезжает сюда на уик-энд. Все гости смотрят на один и тот же дом. Один смотрит на него с грустью, тоскуя по счастливым временам, проведенным здесь. Вот эта женщина смотрит с завистью, думая о том, какую замечательную жизнь вела бы она здесь, если бы владела этой красотой. Третий смотрит на дом с ужасом, вспоминая о своем трудном детстве, проведенном в стенах этого дома. Четвертый немедленно делает подсчет в уме, сколько такой дом мог бы стоить на рынке недвижимости. Дом в каждом из этих случаев один и тот же, и если бы каждый гость сфотографировал его в этот момент, все снимки были бы примерно одинаковыми. Но внутренний мир восприятия различен в каждом отдельно взятом случае.

В описанной ситуации, когда дом воспринимается по-разному, физический облик дома одинаков, но память и личное отношение к предмету обеспечивают разный внутренний мир восприятия. Однако восприятие могло быть различным, даже если в памяти людей данный конкретный дом не порождал бы никаких ассоциаций. Если бы гостей попросили подойти к дому с разных сторон, у каждого из них оказалась бы своя точка зрения. Это был бы тот же самый дом, воспринимаемый с разных углов зрения. Человек, приближающийся к дому со стороны фасада, увидел бы дом с типичным фасадом в стиле короля Георга. Подходя к дому сбоку, другой человек увидел бы, что это дом эпохи королевы Елизаветы, к которому позднее приделали новый фасад. Подошедший к дому сзади мог бы спутать его с обычной усадьбой фермера.

Всем знакомы примеры оптического обмана, когда, к примеру, вы смотрите на рисунок на листе бумаги и вам кажется то, чего на самом деле нет: линии, кажущиеся искривленными, на самом деле прямые; фигура кажется большей по размеру, чем другая, хотя на деле они совершенно одинаковые. Фокусники-иллюзионисты прекрасно научились обманывать человеческие восприятия. Мы ждем чуда, но чудо на поверку оказывается игрой воображения.

Очевидно, что восприятия индивидуальны и они могут не соответствовать тому, что происходит во внешнем мире. Восприятие, в первую очередь, — это способ, посредством которого мозг организует информацию, получаемую им из внешнего мира через органы чувств. Способ организации такой информации целиком зависит от фундаментальной природы нервных структур в мозге. На организацию информации влияет эмоциональное состояние человека в данный момент времени, в результате чего одним шаблонам восприятия отдается предпочтение перед другими. Информация о текущем контексте в краткосрочной памяти и о том, что непосредственно предшествовало ситуации, также влияет на ее восприятие. Компьютерный перевод — трудная задача, потому что все произошедшее до описываемого момента, а также контекст способны полностью изменить значение слова. Например, слово «замок» читается по-разному в зависимости от контекста. Наконец, в памяти есть старые воспоминания, а также ассоциации, которые могут влиять на то, как мы воспринимаем мир, а затем на наше отношение к своим восприятиям.

Одним из самых поразительных примеров силы восприятия является феномен ревности. Мужчину обвиняют в том, что он выбрал для себя такое место в ресторане, чтобы иметь возможность разглядывать блондинку напротив. На самом же деле он даже не заметил эту самую блондинку, а просто пытался найти место покомфортнее для своей девушки. Жена, как кажется ее мужу, часто общается с каким-то мужчиной по служебным делам. Она утверждает, что у них чисто деловые отношения, но муж считает иначе. Будучи одержимы ревностью, мы склонны к превратной интерпретации обычных ситуаций, и хотя такая интерпретация является ложной, она способна возбуждать в человеке сильные эмоции, провоцировать ссоры и даже насилие. Ревнивцу кажется, что его восприятия могут быть — хотя бы теоретически — небезосновательны. То, что это не так, не меняет сути восприятий.

Стоит ли удивляться, что мыслители древности считали настоящей победой разума способность отойти от сугубо субъективных по своей природе восприятий к правде и абсолютным истинам, которые можно проверить и соответствие которых реальности ни у кого не будет вызывать сомнений?

Если бы вам пришлось мастерить стол, вы смогли бы догадаться, какой размер должны иметь отдельные детали, и просто выпилили бы их по своим соображениям. Ваш стол наверняка получился бы еще лучше, если бы вы имели возможность определять точный размер каждой детали. Тогда их удалось бы гораздо лучше подогнать друг к другу, и ножки у стола были бы одинаковой длины. Измерение — это очень удачный способ преобразования восприятия в нечто конкретное, осязаемое и незыблемое. Мы принимаем это как должное, но на самом деле это замечательная концепция. Математика, по сути, — это еще один способ избежать неопределенности, связанной с восприятием. Мы переводим мир на язык символов и закономерностей. Как только нам это удалось, мы попадаем в «игровой мир» математики с ее собственной вселенной и правилами поведения внутри этой вселенной. Мы играем в эту игру совершенно серьезно. Затем мы переводим полученный результат на язык реального мира. Данный метод прекрасно работает при условии, что соблюдаются все правила математики и перевод с языка и на язык системы сделан правильно.

Большим вкладом упомянутой греческой троицы стала идея проделать то же самое с языком. Каждое слово в языке должно было получить определение и стать в связи с этим таким же реальным, конкретным и объективным, как нечто подвергнутое измерению. Затем предстояла серьезная игра по правилам, согласно которым нам надлежало складывать слова вместе и делать словесные умозаключения. Данная игра основывалась во многом на информации о том, что на самом деле представляет собой объект: данная вещь «есть» или «не есть» нечто. Принцип противоречия постулировал, что нечто не может «быть» и «не быть» чем-то одновременно. Исходя из этого мы построили наши системы языка, логики, ведения спора, критического мышления и сформировали все остальные мыслительные привычки, которые постоянно используем в своей жизни.

Результат был таков: мы как будто бы научились судить о вещах (что все мы очень любим делать), находить истину и обретать уверенность в логике вещей. Казалось бы, что может быть привлекательнее? Это правило прекрасно зарекомендовало себя в технических вопросах. Столь же прекрасно работало оно и в области человеческих отношений, поскольку суждение и определенность предоставляли основу для действий и оценки их правоты. Между тем такая «логика» — это не более чем система верований и убеждений, так же как и любая другая. Когда вы выбрали для себя способ, посредством которого вы смотрите на мир, тогда вы сделаете все, чтобы ваши убеждения и верования соответствовали именно такому — а не другому — взгляду на мир.

Таким образом, всегда существовала тенденция бежать из мира восприятий в область мышления и целиком отдать вопросы восприятия искусству, которому надлежало изучать и экспериментировать с восприятиями по своему усмотрению. Считаю, что настало время уделить внимание миру восприятий, для того чтобы понять, что же на самом деле происходит в этом мире. Мир восприятий тесно связан с тем, как мозг обрабатывает информацию, и этому вопросу посвящена моя книга «Я прав — ты нет» («I am Right — You are Wrong»).

У восприятий не бывает «игровых» истин, как у математики, где нечто может быть истинным, если вытекает из правил игры и соответствует «реалиям» математической вселенной. Вся истина в сфере восприятия либо круговая, либо условная. Круговая истина — это как истина двоих человек, которые утверждают, что каждый из них говорит правду. Условная же истина основана на опыте: «Мне кажется», «Насколько я могу судить», «По своему опыту знаю...». Ничего общего с той замечательной определенностью, с которой мы имеем дело в обычной логике и которая на деле является «истиной, взятой на веру», маскирующейся под «истину, полученную по правилам игры».

Во внутреннем мире восприятия нет места прочности и постоянству, свойственным каменной логике. Камень прочен, конкретен, постоянен, его не так легко сдвинуть с места. Это логика, в основе которой лежит слово «есть». Восприятие, напротив, основано на водной логике. Вода течет. Вода — структура аморфная, не имеющая острых краев, но, с другой стороны, она легко принимает форму сосуда, в который ее наливают. Водная логика основана на слове «куда».

Цель данной книги состоит в том, чтобы рассмотреть природу и правила водной логики и продемонстрировать некоторые практические способы ее использования.

Водная логика — это логика внутреннего мира восприятия. Я подозреваю, что она применима также — и гораздо в большей степени, чем нам до сих пор казалось, — ко внешнему миру. Теперь, когда мы приступаем к изучению самоорганизующихся систем, когда математика начинает заглядывать в природу нелинейных систем и хаоса, мы, без сомнения, обнаружим все больше доказательств того, что водная логика применима во многих аспектах внешнего мира, где мы традиционно использовали лишь каменную логику. Полагаю, это справедливо и в отношении экономической науки.

Восприятие и водная логика по-своему влияют даже на логику науки, во многом каменную по своим свойствам. Разум в состоянии увидеть только то, что он готов увидеть. Анализ данных сам по себе не рождает идей. Он лишь позволяет нам сделать выбор среди уже существующих понятий и мыслей. Растет значение гипотез, умозрительных построений, подходов к генерации идей, в которых большая роль отводится провоцированию, и модельных подходов, которые позволяют нам по-разному смотреть на окружающий мир. Создание таких рамок вероятных исходов происходит в процессе восприятия.

Мне следовало бы добавить, что в сфере восприятия нет такой вещи, как противоречие. Можно одновременно придерживаться противоположных взглядов. Может иметь место дисгармония, когда что-нибудь не вполне соответствует нашим ожиданиям, но это уже совсем другое.

Поскольку природа восприятия может допускать противоречия, логика всегда являлась неподходящим средством для того, чтобы вносить изменения в восприятия. Восприятия можно менять (исследованием, переменой контекста и т. п.), но только не логикой. Это еще одна причина для более пристального изучения природы восприятия.

Лишь малую часть своей жизни мы посвящаем математике и логическому анализу. Гораздо больше времени мы имеем дело с восприятием. То, что мы смотрим по телевизору, и наша реакция на увиденное — это все восприятия. Наш страх перед лицом экологических угроз и парникового эффекта основан на восприятии. Предрассудки, расизм, антисемитизм — все это вопросы восприятия. В основе конфликтов, которые проистекают не просто от чрезмерной демонстрации силы одной стороной, лежат ложные восприятия. Поскольку восприятия играют столь важную роль в нашей жизни, имеет смысл попытаться понять природу водной логики, вместо того чтобы продолжать впихивать мир в узкие рамки каменной логики.

ВОДНАЯ ЛОГИКА

«Страшно подумать, как много вреда причинило грубое высокомерие каменной логики». Автор этих слов — Дадли Хершбах, лауреат Нобелевской премии, профессор химии Гарвардского университета. Это цитата из его письма ко мне.

Камень твёрд, не меняет формы и неподатлив. Он имеет определённую форму. Вода — иное дело. Она мягка и податлива.

Камень может использоваться для нападения, и как орудие агрессии он твёрд и тяжёл. Когда вы нападаете на воду, она не оказывает сопротивления, но затем заглатывает или топит нападающего.

Если положить камень на твёрдую поверхность, он будет лежать неподвижно на одном месте. Камень «есть». Если пролить воду на плоскую поверхность, она растечётся и разведает каждую щель. Если есть хоть маленький наклон, вода потечёт.

Камень не меняет своей формы в зависимости от внешних обстоятельств. Вода не имеет собственной формы, а принимает форму сосуда, который вмещает ее. Истина очень часто является истиной лишь в определенном контексте. В водной логике подчеркивается важность контекста.

Если положить камень в стакан и затем наклонять стакан все больше и больше, камень рано или поздно вывалится. Камень либо в стакане, либо вне его. В случае с водой вы можете вылить часть жидкости из стакана и по-прежнему иметь ее достаточное количество в стакане — воде не надо быть «либо/либо».

Если добавить к камню камень, получится два камня. Если добавить воду к воде, две воды не получится. Новая вода смешается со старой, и результатом станет снова вода.

Это аддитивное свойство водной логики очень напоминает «нечеткую логику»*, которая сегодня находит все более широкое применение в области искусственного интеллекта. Восприятия комбинируются, дополняя друг друга и образуя целое, как в поэзии.

Каменная логика часто имеет дело с противопоставлением, выраженным частицей «но», поскольку нередко приходится показывать, чем различаются объекты. Водную логику более заботит частица «и»: каким образом слагаемые образуют целое.

Спор западного типа в большинстве своем основывается на конфликте, где стороны руководству-

---

* Формальная система логики, разработанная профессором Лотфи Заде (Калифорнийский университет Беркли) в 1960-х годах, являющаяся расширением обычной булевой логики. В ней значения «истина» и «ложь» заменяются значениями функции на отрезке [0, 1] (концепция частичной правды). Позволяет уйти от однозначности ответа на вопрос. Часто используется в экспертных и самообучающихся системах и системах распознавания образов. — *Прим. перев.*

ются каменной логикой. Дискуссия у японцев в значительной степени связана с добавлением новых слоев к предыдущим, что свойственно и водной логике.

Все вышесказанное может дать вам некоторое представление о разнице между каменной и водной логикой.

Подытоживая все сказанное, можно сказать, что каменная логика основана на «быть», «есть», тогда как водная — на «куда», «в направлении к» и т. п. Куда это перетекает? К чему это приведет? Что будет суммой всего этого?

Традиционная каменная логика уделяет большое внимание сущности объекта: «Это гусеница». Не меньшее значение она придает тому, чем «обладает» объект, а также операции «включения». «Гусеница *является* существом зеленого цвета и *имеет* покрытое волосками тело».

Включение, исключение, что представляет собой объект и чего не представляет, устранение противоречий — все это традиционное логическое мышление. Мы понаставили повсюду ящиков в виде категорий, классов и типов. Мы судим о том, относится ли что-нибудь к определенному ящику, и если да, придаем ему все характеристики содержимого данного ящика. Это основа наших умозаключений и нашей уверенности, и она служит нам достаточно успешно, хотя и способна привести нас к грубому высокомерию.

Попробуем подставить на место «есть» и «быть» каменной логики «туда» или «в направлении к» логики водной.

«КУДА»

Что мы понимаем под словом «куда»? Мячик, помещенный на наклонную поверхность, покатится «к»* ее подножию. Река течет «к» морю.

Яйцо, брошенное на горячую сковородку, превращается «в» яичницу.

Падая, яйцо превращается «в» месиво на полу.

Режиссер может приклеить кадр с падающим яйцом «к» кадру, на котором запечатлена рушащаяся башня.

Режиссер может приклеить кадр с падающим яйцом «к» кадру, на котором снята плачущая девочка.

Мячик, перекатывающийся с одного места «в» другое, остается все тем же мячиком. Сырое яйцо, которое стало яичницей, есть то же самое яйцо, но в другой форме. Однако кадр с рушащейся башней или плачущей девочкой имеет отношение к предыдущему кадру с падающим яйцом только потому, что режиссер решил установить между ними связь.

Таким образом, мы используем «куда» самыми разными способами и в разных ситуациях.

На протяжении всей книги я использую «куда» в очень простом и ясном смысле. Куда это ведет? Что произойдет затем?

Каким будет следующее событие? Если в фильме за кадром с яйцом следует кадр со слоном, тогда мы скажем, что яйцо ведет к слону. Если бы вас везли на машине по красивой местности и за идилли-

---

* Как отмечалось ранее, «куда» может меняться на «туда», «к», «в», «в направлении к» и т. п. — в зависимости от контекста. — *Прим. перев.*

ческим сельским пейзажем вдруг последовал прозаический вид городской электростанции — это тоже следующее по времени событие. Таким образом, смысл слова «куда» не ограничивается понятиями «становиться» или «превращаться в», хотя и это тоже следует включить в широкое определение «куда», имеющего значение «что случается затем». Нестабильная система может стать стабильной. Стабильная система может стать нестабильной. Одна вещь ведет к другой.

Поскольку понятие «куда» столь важно, было бы полезно дать ему определение с помощью нового слова. Возможно, мы могли бы ввести в употребление новый предлог, скажем, «вик», означающий «ведет куда». Но в данный момент такое нововведение может показаться искусственным или излишним.

Женщина приносит неисправный электрический чайник в магазин и просит заменить его на новый. Продавец знает, что этот чайник не мог быть приобретен в его магазине, поскольку чайников этой марки они никогда не продавали. Но продавец, тем не менее, меняет чайник на новый. С точки зрения логики «есть» и справедливости это может показаться абсурдным. Но в рамках логики «куда» это имеет смысл. Женщина настолько восхищена поведением продавца, что становится регулярной покупательницей этого магазина. Исследования, проведенные в США, показывают, что возврат на деньги, потраченные таким образом, достигает 500%. Традиционная логика выставила бы следующий аргумент против: на следующий же день выстроится очередь желающих обменять свои неисправные приборы. Что из того? Никто не обязывает магазин производить замену. Ситуация изменилась и на тот момент будет оценена правильно. Нет нужды ограничивать себя рамками какого-то одного направления действия. Я приводил эту историю в своей книге «Я прав — ты нет» и повторяю ее здесь, чтобы связать краткое упоминание о водной логике в предыдущей книге с ее более подробным исследованием в этой книге.

Теперь мы знаем, что в самоорганизующихся системах провокация является математически существенной величиной, необходимой для того, чтобы вызывать возмущение одного стабильного состояния с целью прийти к еще лучшему стабильному состоянию. Данная точка зрения была рассмотрена в 1983 году доктором Скоттом Киркпатриком, сотрудником IBM. В латеральном мышлении мы можем использовать провокацию с целью дестабилизации системы или для того, чтобы вывести нас из рамок обычных каналов восприятия. Например, можно сказать: «У машины квадратные колеса». Если бы нам затем предложили призвать на помощь здравый смысл, мы бы, наверное, отбросили такую идею, поскольку она («есть») абсурдна. Однако теперь вместо суждения мы используем «движение», которое является потоком событий. Посмотрим, куда приведет нас эта провокация. Легко предугадать, что квадратные колеса вызовут сильные толчки при езде, поэтому будет необходимо соответствующее усовершенствование подвески. Это ведет нас к идее подвески, которая приспосабливается к неровностям дороги, результатом чего становится так называемая «активная», или «умная», подвеска. Преднамеренное использование провокации, за которым следует «движение», является одним из методов латерального мышления.

Когда я использовал спор и отрицание, критикуя их преобладание в западном мышлении, меня обвиняли — совершенно справедливо — в том, что я использую те же методы, против которых выступаю. Посмотрим, куда ведет такая линия рассуждения. Если отрицание нельзя использовать, чтобы критиковать отрицание, тогда отрицание вообще нельзя критиковать! Моя точка зрения состоит в том, что спор и отрицание действительно полезны для определенных целей, одна из которых — критиковать спор и отрицание. Я не вижу никакой необходимости в абсолютистских «либо/либо» каменной логики.

Используемая сегодня всеми нами концепция «демократии» сводит наше понимание ее к контексту исторического пути становления и реализации демократических государств. Обо всем другом у нас судят как о «недемократии». Вместе с тем можно представить себе систему, в которой избирают только тех, кто получил голоса, наилучшим образом представляющие всю совокупность электората. Например, в районе, где 70% белого населения и 30% черного, побеждают кандидаты, у которых голоса распределились ближе всех к соотношению 70/30. Потребуется регистрация избирателей по партийному или этническому признаку. Каменную логику в первую очередь заботило бы, возможно ли уместить такую идею в традиционные принципы демократии. Водную логику же заботило бы, к чему такая идея могла бы привести.

Прагматизм в значительной степени основан на понятии «вести куда-то», относящемся к водной логике. Существует вполне оправданный страх перед прагматизмом, поскольку он, как многим кажется, действует не по принципам. Это абсурдно, поскольку принципы могут быть такой же частью прагматизма, как и, скажем, обстоятельства. Один сильный довод против прагматизма состоит в опасении, что «цель может оправдать средства». Иными словами, если цель хороша, тогда средства ее достижения будут оправданы. Поскольку различные люди и организации имеют разное понятие о том, какие цели хороши, результатом станет хаос и вандализм.

Интересно, что сама причина, по которой мы отвергаем концепцию цели, оправдывающей средства, является примером чистейшего прагматизма и водной логики. Нас заботит, к чему это все приведет. Таким образом, прагматизм в состоянии держать в узде прагматизм, так же как каменная логика держит в узде каменную логику.

Что такое ручка? Это («есть») инструмент для письма. Мы могли бы проанализировать ручку с точки зрения ее физической природы и составляющих ее частей: перо, резервуар для чернил, корпус, колпачок и т. д. Все это говорит нам о том, что «есть» ручка.

Однако польза от ручки в значительной мере зависит от контекста. Для человека, не умеющего писать, ручка практически бесполезна. Она представляет очень большую ценность для человека, которому нужно в данный момент времени срочно записать медицинское предписание или важный телефонный номер. Ручка, с помощью которой подписывали важный международный договор, имеет большую историческую ценность. Она может быть дорогим подарком. Все эти стороны ценности ручки возникают перед нами по мере того, как мы «перетекаем» от самой ручки «к» тому, как ее можно использовать.

Лондон может находиться от вас на расстоянии шестидесяти миль, но при этом вы можете стоять на дороге под названием Лондон-роуд. Она имеет такое название потому, что ведет в Лондон. Иными словами, дорога получила свое определение по тому объекту, к которому она ведет. Дорога или тропинка — классический пример «куда», поскольку каждая точка переходит «к» следующей точке. Следовать тропой куда более естественно, чем сбиться с нее.

Рассмотрим последовательность букв на рис. 1. В каждом случае буква «C» совершенно одинаковая. Она имеет одну и ту же форму, и даже риски на концах одинаковые. Однако с точки зрения водной логики эти четыре «C» различны, поскольку каждая «ведет к» разной букве: CD, CA, CX, CE. Это может показаться бессмысленным, пока мы не сообразим, что даже в произношении есть разница: «C» в слове CALL* произносится иначе, чем «C» в слове CELL**.

---
* Call (произносится «кол» с длинным «о») (*англ.*) — звонок. — *Прим. перев.*
** Cell (произносится «сэл») (*англ.*) — клетка. — *Прим. перев.*

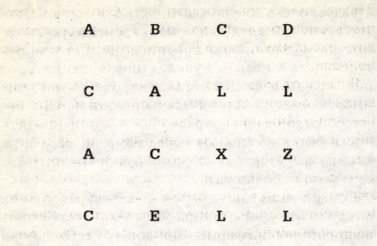

Рис. 1

Каменная логика сказала бы, что последовательности на рисунке различны, поскольку составлены из разных букв. А водная логика добавила бы к этому, что они различны еще и потому, что «ведут к» различным идеям.

В первой последовательности мы сразу угадываем последовательность первых букв английского алфавита. Вторая последовательность приводит нас к слову CALL и его значению. Третья может показаться случайным набором букв, но на самом деле мы можем догадаться, что речь идет о первой и третьей буквах алфавита, если считать с его начала, и о последней и третьей с конца. Последняя последовательность дает еще одно слово — CELL, и здесь нас может увести в двух разных направлениях: идет ли речь, например, о тюремной клетке или же о клетках, из которых состоит тело человека? Сложные восприятия могут возникать там, куда «приводит» нас стимул, как в рассмотренном только что примере.

Я далек от того, чтобы утверждать, что люди никогда не пользовались водной логикой или что ранее не пользовались ею сплошь и рядом. В очень многих случаях люди используют водную логику, и многие пользуются ею большую часть времени. Тем не менее общепризнанной и полноправной всегда была и остается каменная логика. В любом существенном споре признаются лишь доводы каменной логики. Многие женщины говорили мне, что они находят водную логику более естественной, но сами они практически всегда проигрывают в спорах. Им кажется, это происходит потому, что спор — это игра, в которую играют по правилам каменной логики.

Я собираюсь «узаконить» водную логику и указать, на какое место и роль она вправе претендовать, будучи логикой восприятия. Я попробую наградить должными правами водную логику, не просто обратив всеобщее внимание на ее полезность, но и показав, на какую основу она опирается в рамках естественной функции мозга.

Латеральные мысли были у людей и до того, как я ввел термин «латеральное мышление». Были люди, которые имели особые способности и склонность к тому, чтобы мыслить латеральным образом. Когда вышла моя первая книга, многие творческие люди написали мне о том, что их привлекает идея латерального мышления. Я показал, что потребность в латеральном мышлении вытекает непосредственно из поведения мозга, который плетет узоры из мыслей и идей, использует их, в связи с чем бывает необходимость найти короткий латеральный путь между привычными узорами. На этом фундаменте я разработал конкретные инструменты, которые можно использовать систематически и преднамеренно, с тем чтобы генерировать новые идеи. Я также собираюсь предложить некоторые методы, позволяющие с пользой применять водную логику.

ТАНЕЦ МЕДУЗЫ

Я попрошу читателя воспринимать данную главу так же просто и непосредственно, как я постарался ее написать. На данном этапе попытайтесь не проводить никаких аналогий с чем бы то ни было. Это может помешать вам в дальнейшем понять собственно аналогию и привести к путанице. Воспринимайте медузу как медузу и ничто другое.

Рис. 2

Как показано на рис. 2, каждая медуза состоит из округлого тела и единственного щупальца с зазубренным острием. Вам может показаться, что картинка больше похожа на сперматозоид, чем на медузу, но это просто особый вид медузы.

Как показано на рис. 3, стреловидное острие одной медузы может оказаться вонзенным в тело другой медузы, но никогда — что очень разумно — не в ее собственное. Острие целиком входит в тело другой медузы и после этого не может быть извлечено оттуда или использовано для каких-нибудь дальнейших целей.

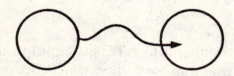

Рис. 3

Мы можем условиться, что такое поведение не является враждебным, а имеет дружественную природу. Это нечто вроде вхождения в контакт, способа общения или сотрудничества.

У каждой медузы есть только одно щупальце, и поэтому она может войти в контакт только с одной медузой. Однако тело любой отдельно взятой медузы может принять в себя щупальца любого числа медуз. Можно предположить, что чем популярнее среди товарок конкретная медуза, тем больше друзей она находит и, соответственно, тем больше щупалец она принимает.

Таким образом, мы построили простую систему с простыми правилами. Мы имеем дело с особой «вселенной», населенной исключительно этими особыми медузами, которые имеют определенные правила поведения. Теперь мы можем приступать к изучению некоторых вещей, которые могли бы происходить в такой особой вселенной.

Очевидно, что медузы могут выстраиваться относительно друг друга или организовываться различными способами. Можно привести несколько вариантов такой организации.

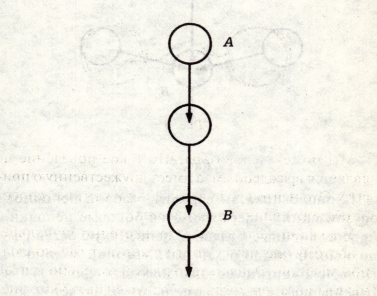

Рис. 4

На рис. 4 показана простая «цепочка», ведущая от *A* к *B*. Одна медуза вонзает острие в другую, та в третью и т. д. Цепочка может состоять из многих медуз. Таким образом, мы имеем цепочку или путь от *A* к *B*. Возможно, это простейший способ организации медуз в рассматриваемой вселенной.

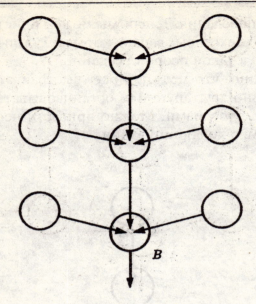

Рис. 5

На рис. 5 показан вариант базовой цепочной организации. Теперь имеются боковые цепочки, присоединенные к главной цепи. Такую организацию можно было бы назвать «речной долиной». Подобную картину можно наблюдать, пролетая над Швейцарией. Основная цепь представляет собой долину, по которой течет главная река, а боковые цепочки — притоки с окружающих холмов, впадающие в нее. Подобная организация позволила бы «дренировать» некую территорию, так что в конце концов все, что способно течь, оказалось бы собранным в точке *B*.

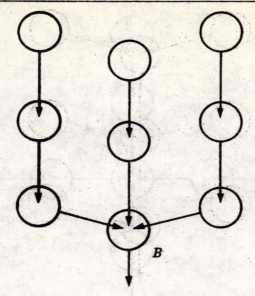

Рис. 6

На рис. 6 показан еще один вариант водосборной системы. На этот раз боковые цепочки (или протоки) следуют отдельно от главной цепи и присоединяются к ней лишь в самом конце. Результатом по-прежнему является то, что вода собирается с некоторой территории и попадает в точку *B*.

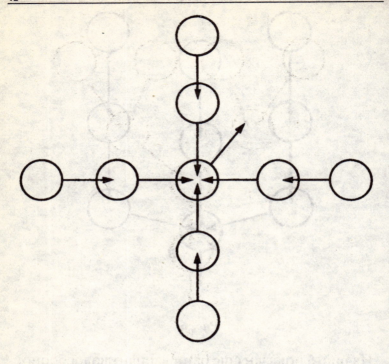

Рис. 7

Объединение медуз в виде «звезды», показанное на рис. 7, является не более чем перестановкой цепочек на рис. 6, в результате чего они стали исходить в разные стороны из центрального узла. Теперь территория «дренируется» к центру по проточным каналам.

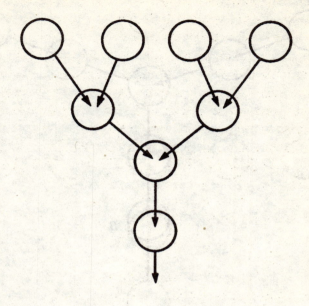

Рис. 8

Группа медуз на рис. 8 слегка отличается от двух предыдущих вариантов. Теперь это образование в виде дерева. Верхний ряд медуз напоминает крону дерева. Они отходят от малой ветви. Малые ветви берут свое начало в крупной ветви. Крупные ветви ответвляются от ствола дерева. Медузы формируют здесь нечто напоминающее иерархическую организацию. Можно также рассматривать это построение как большую воронку, которая направляет все, что в нее попадает, в ствол «дерева». На всякое дерево, попавшееся вам на глаза, можно смотреть с такой точки зрения.

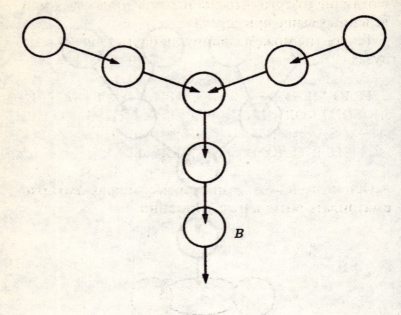

Рис. 9

Рис. 9 иллюстрирует очень простую формацию-«воронку», которая на деле даже проще той, что была показана на предыдущем рисунке. Все, что поступает в воронку в любой точке, будет передано по цепи в точку *В*, а оттуда далее. Данная формация может восприниматься как взгляд сбоку на формацию, показанную на рис. 8. Я вернусь к этой упрощенной воронкообразной формации позднее.

На данном этапе можно сформулировать простое правило, описывающее поведение наших медуз: любая медуза должна вонзить свое острие в тело другой медузы. Ни одно острие не может оставаться незадействованным и неиспользованным —

в отличие от того, что мы наблюдали во всех приведенных выше примерах.

Теперь мы можем сформулировать теорему о медузах:

ТЕЛО МЕДУЗЫ МОЖЕТ ПРИНИМАТЬ ОСТРИЕ ЛЮБОГО КОЛИЧЕСТВА ДРУГИХ МЕДУЗ, НО ПРИ ЭТОМ САМА МЕДУЗА ОБЯЗАНА ВОНЗИТЬ СВОЕ ОСТРИЕ В ТЕЛО ДРУГОЙ МЕДУЗЫ.

Основываясь на этой теореме, продолжим рассматривать возможные формации.

Рис. 10

Простейшей формацией является «объятие», в которой две медузы просто вонзают свое острие друг в друга. В таком взаимном жесте есть определенная завершенность. Нет необходимости — да и места тоже — в других медузах. Эта парочка полностью поглощена друг другом.

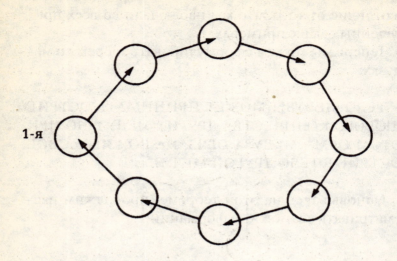

Рис. 11

Следующая формация представляет собой «хоровод». Это просто цепь, в которой свободное острие в ее конце вернулось к началу цепи и вонзилось в первую по счету медузу. Сообщение передается по кругу постоянно по бесконечной петле — как в игре «Передай по кругу».

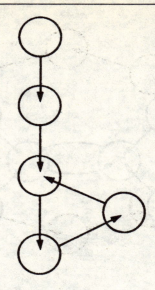

Рис. 12

На рис. 12 свободное острие в конце цепи не возвращается к самому началу, чтобы вонзиться в первую по счету медузу, а вонзается в одну из средних медуз, образуя малую петлю. В результате получается мини-петля, или мини-хоровод, с присоединенной к ней питающей цепью. Обратите внимание, что питающая цепь лишь питает петлю, но после этого совершенно не участвует в процессах, происходящих внутри самой петли.

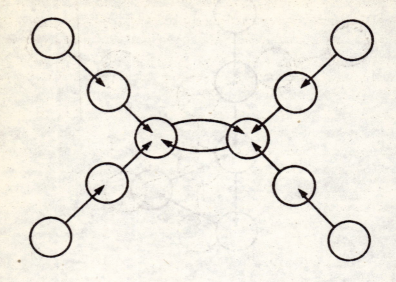

Рис. 13

На рис. 13 представлена всего лишь более сложная версия предыдущей формации. В центре находятся две медузы в состоянии «объятия». Их питают четыре цепи. Любая из ранее рассмотренных формаций со свободным острием теперь может быть преобразована в формации, в которых свободное острие вонзено в любую медузу, в результате чего получается петля, или «объятие». Остальная же часть формации выступает в роли питающей системы.

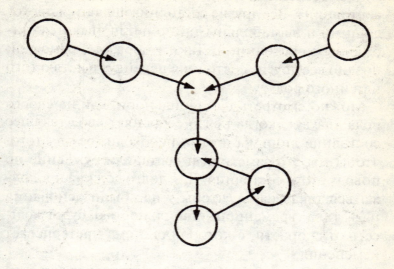

Рис. 14

На рис. 14 показана простая воронкообразная формация, подобную которой мы ранее видели на рис. 9. Но на этот раз свободное острие на ее конце образовало мини-петлю, вонзившись в одну из ближайших медуз. Это означает, что все попадающее в воронку в любой ее точке рано или поздно окажется в стабильной повторяющейся петле на выходе из воронки.

СТАБИЛЬНОСТЬ

«Объятие», простая цепь или мини-цепь представляют собой повторяющуюся петлю. Информация будет вращаться в такой петле бесконечно. В терминах вселенной медуз речь идет о «стабильном состоянии». Все другие состояния являются преходящими и нестабильными, но петля является стабильным состоянием. Таким образом, рано или поздно все другие состояния перейдут в петлю того или иного рода.

Можно смотреть на стабильность как на своего рода «паузу», когда нечто сохраняет свое текущее состояние лишь на время, необходимое для того, чтобы мы это заметили и составили суждение по поводу этого состояния. Как долго должна продолжаться такая пауза, чтобы у нас были основания назвать ее «временной» стабильностью, будет зависеть от скорости, с которой система претерпевает изменения.

Другим типом стабильности является «повторяющаяся» стабильность, которая означает, что состояние повторяется вновь и вновь. Состояние постоянно во времени, поскольку оно непрерывно воспроизводится. Неподвижный объект на экране выглядит неподвижным, хотя на самом деле его изображение представляет собой последовательность большого числа кадров, по мере того как пленка пробегает через проецирующую систему кинопроектора.

САМООРГАНИЗАЦИЯ

Если бы некоторое число медуз бросили в контейнер и предоставили самим себе, они неизбежно образовали бы формацию наподобие одной из рассмотренных ранее. В такой формации были бы питающая система и петля. Возможно, все медузы образовали бы одну стабильную петлю. Опять-таки, может, они образуют две или более независимые формации. Например, каждая пара могла бы образовать «объятие» и не иметь контактов с остальными медузами. Что можно сказать с определенностью, так это то, что система организовалась бы таким образом, чтобы перейти в стабильное состояние. Это один вид самоорганизующейся системы. И ничего таинственного в этом нет.

КАК В МОЗГЕ РОЖДАЮТСЯ ВОСПРИЯТИЯ

Теперь мы в состоянии перевести танцующих медуз на язык той деятельности мозга, которая дает начало восприятию.

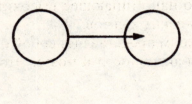

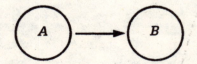

Рис. 15

В верхней части рис. 15 показана медуза, вонзившая свое острие в тело другой медузы. На данном этапе мы оставляем медуз и переводим щупальце с острием в простую стрелку, которая указывает направление потока. Теперь у нас есть две окружности и стрелка между ними, указывающая направление. Каждая окружность представляет собой «состояние» или некое условие. В случае мозга речь будет идти о состоянии нервной активности. Все, что можно сфотографировать в любой момент времени, будет «состоянием». Кто-нибудь может переходить из состояния гнева в состояние толкания другого человека в грудь. За этим может последовать другое состояние, в котором жертва производит ответный толчок.

Таким образом, в нижней части рис. 15 показано, как состояние *A* приводит к состоянию *B*. Мы вернулись к водной логике, «потоку», «ведет к» и «куда». За состоянием *A* следует состояние *B*.

Что при этом происходит в мозге? На рис. 16 показано нечто напоминающее высокий холм возле цепи более низких холмов.

Высокий холм представляет собой область пиковой нервной активности в мозге. Это не какая-то

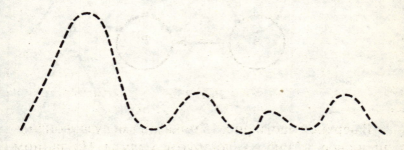

Рис. 16

физическая область, а скорее группа нервов, связанных между собой. Холмы пониже обозначают области, где нервная активность невысока — в связи с имеющейся пиковой активностью в другом месте в тот же момент времени, которая как бы подавляет первую.

Мы подошли к понятию «фактор усталости». Тяжелоатлет не смог бы продолжать держать большой вес больше, чем несколько минут подряд. Он в конце концов устал бы и опустил вес. После отдыха он сможет вновь поднять вес. Нервы тоже устают. Они исчерпывают свою энергию, энзимы теряют активность и т. д. Фактор усталости является важной частью деятельности мозга. Он настолько важен, что, по моему мнению, различная скорость утомления, возможно, имеет значение для интеллекта и связана с возникновением некоторых душевных заболеваний.

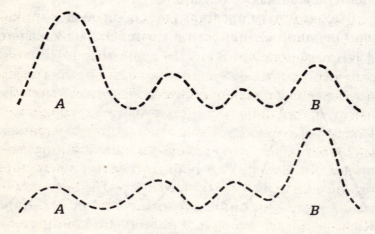

Рис. 17

По мере угасания под влиянием фактора усталости пиковой активности *A* потенциальная пиковая активность *B*, которая ранее была подавлена, теперь становится новым пиком и, в свою очередь, подавляет *A*. Данный переход показан на рис. 17. Теперь мы можем видеть, что состояние *A* сменилось состоянием *B*. Иными словами, состояние *A* перетекло в состояние *B*. Теперь состояния *A* больше нет — есть состояние *B*. Графически это можно отобразить простой формулой, показанной на рис. 18, которую мы уже рассматривали ранее.

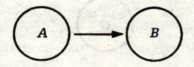

Рис. 18

В этом месте я столкнулся с дилеммой. Некоторые читатели могут задать вопросы вроде: что вы имеете в виду под нервной деятельностью? Почему имеет место только одно состояние активности? Почему другие состояния оказались подавленными? И так далее. Это все совершенно законные вопросы. Я дал на них подробные ответы в моей книге «Механизм разума» («Mechanism of Mind»), а также позднее — в книге «Я прав — ты нет» («I am Right — You are Wrong»). Я не хотел бы повторяться и отвлекать вас от основной темы, которой посвящена эта книга. Те, кого интересуют означенные детали, могут прочесть одну из упомянутых книг, лучше ту, которая была написана позднее.

Главная идея состоит в том, что нервные структуры в мозге образуют систему, в которой одно состояние активности (определяемое как связанная группа активизированных единиц) сменяется другим и т. д.

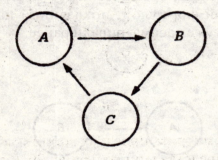

Рис. 19

На рис. 19 показан «поток» сначала от *A* к *B*, потом к *C*, а затем опять к *A*. Отобразить эту ситуацию можно с помощью стандартных обозначений, как на рис. 18, и здесь мы имеем дело с такой же повторяющейся петлей, которую наблюдали, когда изучали поведение медуз.

С этого момента мы можем продолжать использовать упрощенное обозначение перехода от одних состояний к другим. Так же как медуза может вонзать свое острие в тело только одной медузы, любое состояние всегда осуществит переход только к единственному другому состоянию.

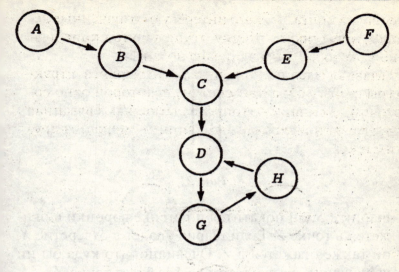

Рис. 20

Итак, рассмотрим простую воронкообразную формацию, представленную на рис. 20. Состояния *A, B, C, E, F* являются нестабильными и дренируют в стабильную повторяющуюся петлю *D-G-H*.

Теперь мы можем заново просмотреть все формации с медузами и, используя уже упрощенные обозначения, понимать их как возможные формы деятельности мозга в генерации и обработке восприятий.

Это как раз то, что мы получили бы в случае с воронкой, как на рис. 21, где все стекает к ее середине.

На рис. 22 показана плоская, практически двухмерная воронка, помещенная в коробку, в крышке которой имеются отверстия, помеченные буквами *S, T, U, V, W* и *X*. Если уронить маленький стальной

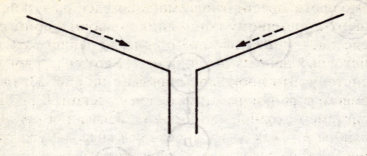

Рис. 21

шарик в *S*, он покатится по стенке воронки и окажется в точке *Z*. Если шарик упадёт в отверстие *X*, он также окажется в *Z*. Очевидно, что куда бы ни упал шарик, результатом всегда будет точка *Z*.

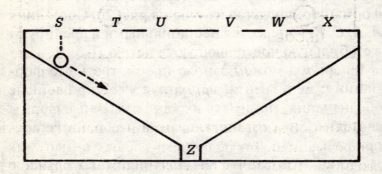

Рис. 22

Если бы вы ничего не знали о воронке, то сочли бы такое положение вещей очень странным. Какими бы ни были исходные данные, результат всегда *Z*.

Это противоречит ожидаемому поведению — и нашему привычному пониманию информационных систем, — поскольку мы привыкли записывать в исходных данных в точности то, что поступает в систему. Это проиллюстрировано на рис. 23, где вместо воронки имеется поддон с песком. В такой системе исходное данное *A* записывается как *A*, данное *F* — как *F*, в точности как видеокамера записывает на пленку все, что находится перед объективом.

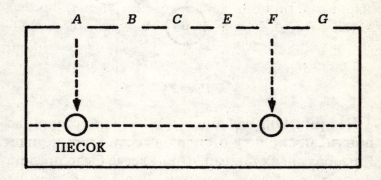

Рис. 23

Таким образом, система-воронка манипулирует информацией. Такую систему следует назвать «активной» — в отличие от «пассивной», которая просто записывает то, что ей предлагают записать. Система-воронка нервной активности, повторно воспроизведенная на рис. 24, ведет себя в точности так же, как и механическая воронка. Любой входящий сигнал оказывается в стабильном состоянии *D-G-H*.

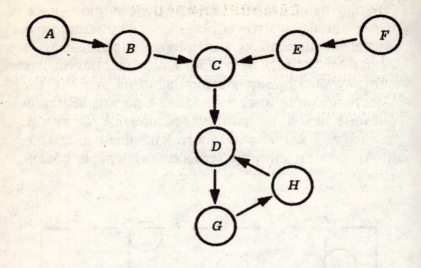

Рис. 24

Нет никакой надобности в наклоне стенок воронки, поскольку о силе тяжести речь не идет. Я изобразил их такими, чтобы легче было представить себе эффект воронки. Все рассмотренные выше формации медуз, выполняющие «дренирующую» функцию («дерево», «река», «звезда» и т. п.), ведут себя аналогичным образом.

И таким образом формируются восприятия; именно поэтому восприятия настолько стабильны. Впечатление на входе может принимать многообразие форм, но рано или поздно оно успокоится и стабилизируется в какой-то одной форме. Это и есть восприятие, которое формирует и использует наш мозг. Все остальное — это нестабильные, промежуточные впечатления.

САМООРГАНИЗАЦИЯ

Так же как некоторое количество медуз, предоставленных самим себе, всегда образует некую формацию со стабильной повторяющейся петлей, ограниченное число нервных состояний рано или поздно образует стабильное состояние.

На рис. 25 я изобразил некоторое количество потенциальных состояний, каждое из которых представлено в виде простого кружка.

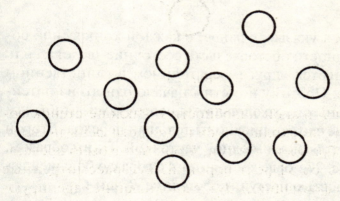

Рис. 25

Теперь соединим кружки линиями, как показано на рис. 26. Не имеет никакого значения, как располагаются эти линии, поскольку они представляют собой потенциальные переходы от одних состояний к другим. Скажем, можно было бы провести линию от каждого кружка к каждому другому кружку, но в результате получилось бы просто ненужное нагромождение линий.

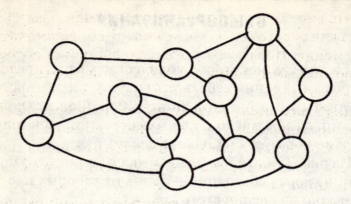

Рис. 26

Как я указывал ранее, в каждой конкретной совокупности обстоятельств состояние «ведет к» или «сменяется» другим состоянием в единственном числе. Поэтому пометим начало одного из потенциальных переходов двумя черточками, чтобы показать, что это предпочтительный переход. Второй выбор обозначим одной черточкой. Таким образом, на рис. 27 после состояния *A* с гораздо большей вероятностью наступит состояние *B*, чем *C*.

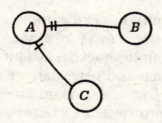

Рис. 27

На рис. 28 к предыдущим состояниям были добавлены черточки — так мы отметили наши предпочтения. Предлагаю вам самим построить подобную диаграмму, придерживаясь такой схемы:

1. Разместите кружки на листе бумаги произвольным образом.
2. Соедините их между собой каким угодно способом (по крайней мере две линии на каждый кружок).
3. Для каждого кружка пометьте одну линию, отходящую от него, двумя черточками, а одной черточкой — любую другую линию, отходящую от этого кружка.

Я хочу подчеркнуть, что специально не придумывал расположение кружков и линий.

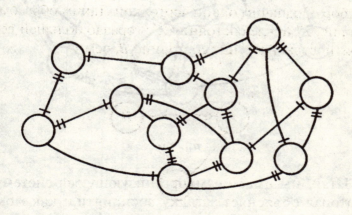

Рис. 28

Теперь возьмите карандаш и, войдя в систему через какой-нибудь кружок, проследуйте одним из возможных путей. Вы всегда должны покидать кружок вдоль линии, помеченной двойным штрихом. Если вам случилось попасть в кружок вдоль двойной линии, вы обязаны покинуть его по линии, помеченной одиночным штрихом (это ваш второй выбор). Посмотрите, что у вас получилось.

На рис. 29 показан путь, который избрал я, и то, что из этого получилось. Совершенно очевидно, что имеется повторяющаяся петля и что все прочие состояния нестабильны и питают указанную петлю.

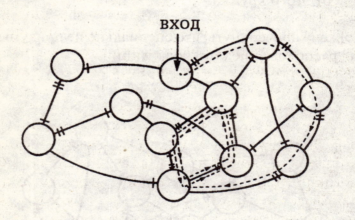

Рис. 29

Итак, мы имеем самоорганизующуюся систему, которая объясняет загадку восприятия: как мозг формирует стабильные восприятия из хаоса окружающего мира? Организация работы мозга такова, что стабильные восприятия неизбежно формируются вне зависимости от входящей информации. Стоит потокам восприятия сформироваться, и мы будем всегда видеть мир определенным образом, точно так же как в рассмотренной выше системе с воронкой мы всегда получали один и тот же результат.

Поведение самоорганизующихся систем чрезвычайно просто, если мы трактуем их как самоорганизующиеся системы. Если мы не сделаем над собой такое усилие, а будем продолжать смотреть на них по старинке, в этом случае они будут казаться нам в высшей степени сложными. Мы всегда склонны были смотреть на работу мозга по старинке.

Два дополнительных примера самоорганизующихся систем представлены на рис. 30 и 31. Войдя в систему в любой точке и проследовав по предпочтительным путям, вы всегда окажетесь в стабильной повторяющейся петле.

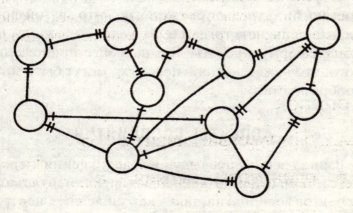

Рис. 30

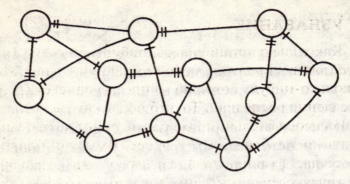

Рис. 31

На данном этапе можно сформулировать теорему де Боно — очень простую теорему:

ИЗ ЛЮБОЙ ТОЧКИ СИСТЕМА С ОГРАНИЧЕННЫМ ЧИСЛОМ СТАБИЛЬНЫХ СОСТОЯНИЙ И ФАКТОРОМ УСТАЛОСТИ ВСЕГДА ДОСТИГАЕТ СТАБИЛЬНОГО ПОВТОРЯЮЩЕГОСЯ ЦИКЛА.

Теорема кажется мне такой простой, что я подозреваю, она существует уже в какой-то другой форме, но если нет, тогда ее, безусловно, стоило бы здесь сформулировать. Тем не менее приложения того, что кажется очень простым, могут быть многообразными.

АСПЕКТЫ ВОСПРИЯТИЯ

Взяв за основу предыдущие рассуждения, перейдем к осмыслению некоторых фундаментальных аспектов восприятия, таких как узнавание, центрирование и подготовленность.

УЗНАВАНИЕ

Как только установилась стабильная схема (или *шаблон*) восприятия, любой входящий сигнал, хоть сколько-нибудь похожий на предыдущие, будет немедленно распознан. То, что подлежит распознаванию, необязательно должно быть таким же или занимать то же место, что и ранее. Входящий сигнал поступает в установившийся шаблон. Это делает биологическое распознавание гораздо более эффективным, чем традиционное или компьютерное распознавание (хотя положение теперь меняется по мере того, как появляются попытки создать компьютеры, работающие на основе биологических принципов).

ЦЕНТРИРОВАНИЕ

Мы всегда в состоянии распознать «чистый», или «идеальный», образ, лежащий в основе любого конкретного объекта или ситуации. Например, можно смотреть на дачное или офисное кресло, кресло-качалку и т. п., но при этом мы всегда видим за всеми этими конкретными вещами главное — кресло. Центрирование также означает, что в абстрактных вопросах мы всегда приходим к примеру «чистого» мышления, или мышления «классиков». К чему можно прийти теперь, так это к «идеалам» Платона. Он утверждал, что такие идеалы должны существовать сами по себе, для того чтобы мы могли с их помощью узнавать конкретные объекты. Поведение самоорганизующейся системы объясняет, как такие идеалы формируются системой.

ПОДГОТОВЛЕННОСТЬ

Наш разум в состоянии увидеть только то, что он готов увидеть. В наше время это мало кто оспаривает. По этой причине существует необходимость в таких вещах, как гипотезы, рассуждения и провокации. Без подобных новых «рамок» мы смогли бы смотреть на данные лишь так, как привыкли это делать.

Все эти вопросы, которых я коснулся здесь более чем поверхностно, подробно рассматриваются в книге «Я прав — ты нет» («I am Right — You are Wrong»).

РАЗЛИЧЕНИЕ

На рис. 32 представлена еще одна самоорганизующаяся система. Но она отличается от других.

Разница состоит в том, что система переходит не в одну стабильную повторяющуюся петлю, а сразу в две: *A-B-C-D-E* и *W-X-Y-Z*. Войдя в систему в одной точке, вы попадете в одну петлю, войдя же в другой, можете оказаться в другой. Если бы вошли в нескольких точках сразу, то оказались бы в нескольких петлях. Эта простая система способна «видеть мир» одним из двух способов. Это то же самое, что иметь дело с коробкой, у которой есть одновременно две воронки, — как показано на рис. 33. Эта коробка способна генерировать два восприятия одновременно.

Если одновременно имеют место два восприятия, тогда по целому ряду причин (отдаленное и недав-

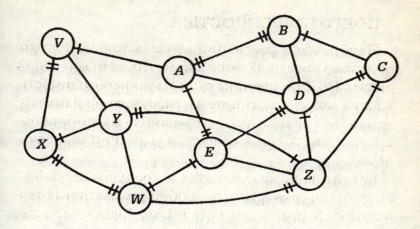

Рис. 32

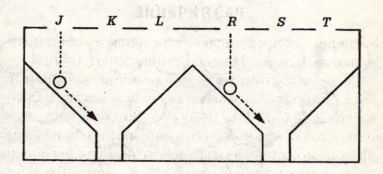

Рис. 33

нее прошлое, эмоции и т. д.) одно из них будет немного доминировать над другим, очевидным результатом чего станет «сдвиг внимания». Следует также ожидать вполне определенной связи между обоими.

СМЫСЛ

Может показаться странным, что до сих пор я не часто использовал слово «смысл», хотя его следовало бы признать важнейшим понятием, когда речь идет о потоке, водной логике и восприятии. Причина заключается в том, что прежде я хотел заложить основу для введения понятия смысла, чтобы не пришлось использовать его как чисто описательный термин.

В формации типа «дерево», с которой мы столкнулись в самом начале, имея дело с медузами, каждый «листик» в конце концов питает ствол.

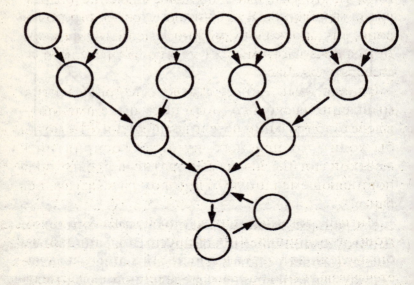

Рис. 34

То же происходит и со смыслом. Мы питаем центральную тему, или смысл, с периферических областей.

Ситуация, о которой идет речь, повторно приведена на рис. 34. Очевидно, что можно продолжать в том же духе бесконечно, добавляя к «дереву» листья, по мере того как новый опыт обогащает существующий смысл.

ЗНАЧЕНИЕ СЛОВ

То, что я теперь собираюсь утверждать, является чистым теоретизированием или, если хотите, провокацией, хотя и непосредственно вытекает из тех рассуждений, которые приводились ранее. Многие говорят, что язык имеет большое значение для развития мышления. Я не считаю, что это, строго говоря, так, поскольку можно мыслить образами. Дети также часто мыслят далеко за пределами их словарного запаса.

Однако язык, может статься, помог развитию мышления несколько иным образом, а именно — в деле стабилизации петель восприятия. Мы могли бы ходить от неясных, путаных восприятий к жесткой логике языка и обратно в своего рода повторяющемся цикле, о котором рассказывалось ранее.

Иными словами, язык, возможно, оказал нам помощь в стабилизации восприятий, придав им определенную направленность. И в этом заключается чрезвычайно полезная функция языка. Рассматриваемый процесс проиллюстрирован на рис. 35.

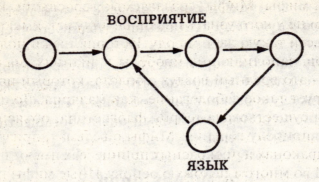

Рис. 35

Оборотная сторона, о которой я подробно рассказываю в другой своей книге, состоит в том, что язык, бесспорно, заставляет нас смотреть на мир традиционным образом.

МИФЫ И «ПОЧЕМУ»

Маленькие дети постоянно спрашивают: «Почему?» Они не ищут причинно-следственных объяснений в научно-познавательном смысле этого слова. Им нужны «связующие нити». Они ищут, чем бы заполнить пробелы в своих знаниях и опыте, чтобы получить более стабильное целое. Данный процесс схематично изображен на рис. 36.

Когда поблизости нет взрослых, которые могут предоставить им необходимые связующие нити, которых они требуют своим вопросом «почему?», дети вынуждены создавать собственные объяснения и мифы. **Мифы, создаваемые взрослыми, когда им не у кого узнать правильный ответ, имеют в точности такую же природу.** История науки полна мифов, заполняющих пробелы в знаниях: малярия — это вредный воздух с болота, который провоцирует такое заболевание, как малярия. Долгое время существовала теория флогистона, объясняющая природу горения. Мифы о ведьмах, призраках, драконах и прекрасных принцессах имеют под собой во многом похожую основу. Иные мифы несут другую смысловую нагрузку, являясь кристаллизациями или метафорами, оберегающими определенные ценности или поведенческие идеалы.

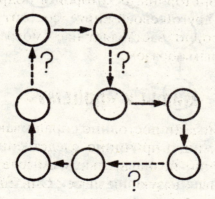

Рис. 36

Мифы, функция которых заключается в обеспечении связи там, где это нужно, приносят реальную пользу, даже если сами мифы на первый взгляд оказываются бессмыслицей. В области восприятий истина является всего лишь «кругообразностью», и отношение к внешнему миру не имеет значения в рассматриваемый момент времени. Назначение внешнего мира состоит в том, чтобы мифы совершенствовались.

Роль мифа в качестве связующего звена показана на рис. 37.

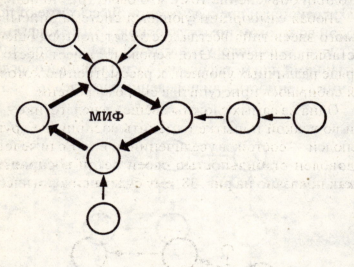

Рис. 37

Когда-то давным-давно я высказывал мысль, что мы, быть может, нуждаемся в каком-нибудь выразительном слове в нашем лексиконе, которое действовало бы как своего рода мини-миф, выполняющий связующую роль. Мы, например, используем слово «нечто» («что-то» и т. п.) для этих целей, но для полноценной реализации рассматриваемой функции это слово все-таки явно недотягивает.

ЗАКРЫТИЕ

Слово «закрытие» заставляет вспомнить гештальт-психологов, которые, на мой взгляд, были на правильном пути, хотя и любили говорить о вещах туманным и описательным образом. У них были собственные мифы, посредством которых они находили объяснение тому, что было трудно понять.

Любая самоорганизующаяся система описываемого здесь типа всегда достигает повторяющейся стабильной петли. Это, вероятно, имеет место на ряде различных уровней, к рассмотрению которых я собираюсь приступить в скором времени.

Одна из самых сложных вещей в педагогике — да и во всякой попытке изменить восприятие других людей — состоит в увеличении петли. Если человек доволен стабильностью своей петли восприятия, как показано на рис. 38, ему будет психологически

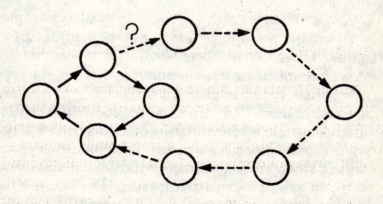

Рис. 38

нелегко сменить ее на более обширную. И дело вовсе не в том, что более узкая петля полна мифов и предубеждений. Завершенность, или «закрытие», петли — вот что имеет значение. Опять повторюсь, что истина в терминах восприятия — это истина, присущая системе (стабильная кругообразность), а не истина, которую можно проверить измерениями.

Если петли так стабильны, как вообще происходит переход от одной петли к другой?

ПЕРЕХОД

Когда имеют место биохимические изменения в мозге, тогда предпочтительный путь от A к B сменится на путь от A к C. Условия или контекст изменились. Вполне вероятно, эмоции могли произвести означенные изменения в биохимическом составе мозга. Процесс схематически отображен на рис. 39.

Для изменения обстоятельств, в рамках которых происходит восприятие, могут быть и другие причины. В ходе дальнейшего восприятия информации может произойти изменение в чувствительности отдельных групп нервов к стимулам, в результате чего количество потенциальных состояний изменяется и задействованными оказываются другие пути сообщения между ними. Едва ли стоит удивляться тому, что когда мы смотрим на другую картину, то видим уже что-то другое.

Возможно также, что фактор усталости имеет место для повторяющихся петель, как и для групп

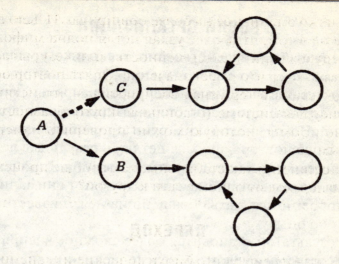

Рис. 39

нервов. Это означало бы, что мы перемещались бы от одной петли к другой и каждое состояние представляло бы собой петлю. Такой фактор мог бы являться неким фактором «скуки». Я подозреваю, что скука — это не просто отсутствие стимулов, она играет ключевую роль в механике мозга и даже может иметь биохимический эквивалент.

Стоит нам взглянуть на то, как осуществляется переход от одних петель восприятия к другим, как функциональная разница между стабильностью паузы и стабильностью повторения практически исчезает, поскольку, если повторяющаяся петля длится лишь ограниченное время, тогда эффект тот же, что и от простой паузы.

Однако такой тип стабильности имеет свои принципиальные отличия.

УРОВНИ ОРГАНИЗАЦИИ

Может быть задействовано несколько уровней организации. Во-первых, имеется уровень нервных структур, где связанные между собой нейроны (нервные клетки) способны стабилизироваться в виде групп. Некое число таких групп затем образуют стабильную повторяющуюся петлю, в результате чего мы имеем простое восприятие. Смену простых восприятий мы могли бы назвать потоком внимания, которое может быть обращено на нечто известное нам по опыту.

Результатом становится более сложное восприятие ситуации в целом. Определение границ каждого уровня являет собой в большей степени упражнение в описательной философии, чем в анализе функционирования систем.

Возможные уровни организации схематически представлены на рис. 40, но я не придавал бы этой структуре слишком большого значения на данном этапе.

ОБЩИЕ ПРИНЦИПЫ ПОВЕДЕНИЯ СИСТЕМЫ

Мы до сих пор не знаем всех тонкостей работы мозга. Но я уверен, что мы знаем достаточно об общих принципах поведения мозга. Это поведение самоорганизующейся информационной системы. Я считаю, что, основываясь на знании принципов поведения мозга, мы можем извлечь для себя много полезного, в том числе разрабатывать методы эффективного мышления (например, средства ла-

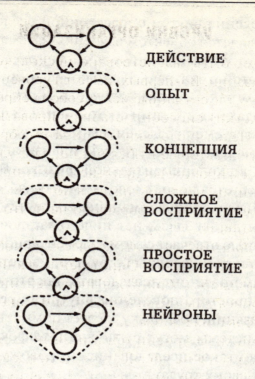

Рис. 40

терального мышления). Говорим ли мы на данном этапе о философии, экспериментальной психологии, математике или еще о чем-то?

Философия имеет свойство увлекаться описательностью и анализом слов, которые мы используем для описания вещей и явлений. Экспериментальная психология способна измерить крошечную часть целого, но она действует в рамках концепции системной организации.

Поведение внутри определенной вселенной, по сути, является объектом изучения математики. Поэтому то, о чем я пишу в этой книге, есть своего рода математика: речь идет о поведении внутри систем с ограниченным количеством состояний и о переходах между этими состояниями. В физике мы довольствуемся разделением между концептуальными моделями теоретической физики и измерениями в экспериментальной физике. Возможно, нам требуется новое слово — «ментика», определяющее науку об информационных системах. В том, что я излагаю здесь, нет ничего загадочного. Это полностью отвечает самому элементарному поведению в системе нервных структур, известному нам. Что нам предстоит исследовать, так это эффективность простого поведения внутри определенных организаций, поскольку следует помнить, что простые системы могут быть очень эффективными. Именно такое исследование я провожу здесь и в других своих трудах.

Совершенно очевидно, что рассуждения, проведенные в данном разделе книги, непосредственно основаны на водной логике. Базисом системы является простой переход от состояния A к состоянию B. Оставшуюся часть книги я посвящаю практическому применению водной логики. Однако прежде необходимо было бы рассмотреть, почему водная логика является функциональной и организующей логикой в мире восприятий. Надеюсь, вы не столкнулись с особыми трудностями, уясняя для себя вещи, изложенные в разделе. Я пытался излагать все предельно ясно, несколько раз повторяя одно и то же. Все, по большому счету, очень просто, и сложности обычно возникают у тех, кто привык излишне все усложнять. Однако даже если вы не вполне уяснили для себя, о чем шла речь на предыдущих страницах, вы все равно можете перейти сразу к практическим аспектам водной логики и использовать излагаемые далее практические процессы, принимая их такими, какие они есть.

ПОТОКОГРАММЫ

Когда вы стоите на вершине высокого холма, перед вами простирается ландшафт и вы мысленно можете нарисовать себе соответствующую картограмму, а проще говоря — карту. Можно лететь над местностью и иметь прекрасный обзор из самолета, а еще лучше — из вертолета. Художник может изобразить ландшафт на картине. При разработке архитектурного проекта используют модели элементов ландшафта и строят соответствующую картограмму. Опытный глаз сразу увидит все важнейшие черты ландшафта, просто взглянув на линии, нанесенные на картограмму местности. Картограмма, таким образом, нужна для изучения ландшафта, особенностей местности.

Аналогичным образом потокограмма нужна для изучения потоков. Поток является сутью водной логики, поэтому, глядя на потокограмму, мы смотрим непосредственно на водную логику. Мы видим ее, словно на картине или на карте. Таким образом, нам удается «увидеть» собственное мышление. Это как если бы мы вышли за пределы собственного мышления и стали бы смотреть на него со стороны. При этом мы можем замечать некоторые вещи, так же как мы видим черты ландшафта, глядя на картограмму. А затем мы можем даже попытаться вмешаться и попробовать что-то изменить в собственном мышлении — или же изменить ситуацию.

Потокограмма представляет собой, по сути, снимок нашего внутреннего мира. Это картина нашего восприятия. Можно построить потокограмму и для внешнего мира, но затем ее придется конкретизировать. Потокограмма — это снимок нашего восприятия, какое оно есть в данный момент времени. Мы создаем потокограммы, чтобы понять собственные восприятия.

Построить потокограмму не представляет труда. Важно придерживаться определенной последовательности шагов, всегда продвигаться вперед строго по одному шагу, никогда не перепрыгивая на несколько шагов вперед. Важно также быть честным перед самим собой и не пытаться добиться желаемого результата ценой объективности.

СПИСОК ПОТОКА СОЗНАНИЯ

Первый шаг состоит в том, чтобы определить тему потокограммы. Например, предположим, ваш сосед по дому включает музыку слишком громко по вечерам.

Вторым шагом является составление списка потока сознания. Вы включаете в список по порядку свои мысли, записывая каждую из них в отдельную строчку. Поток свободных ассоциаций означает аспекты, идеи, образы, факторы и т. п., которые приходят вам в голову. Речь не идет о каком-либо систематическом анализе. Я называю это потоком сознания, имея в виду те мысли, которые приходят вам на ум в связи с рассматриваемой ситуацией. Эти мысли вовсе не являются вариантами выхода из ситуации, а всего лишь отражают различные ее аспекты. Более подробно о потоке сознания мы поговорим в следующем разделе книги.

Итак, в случае с шумным соседом список потока сознания мог бы выглядеть следующим образом:

ГРОМКАЯ МУЗЫКА

С ЗАВИДНЫМ УПОРСТВОМ

НЕВОЗМОЖНО СПАТЬ

НЕ РЕАГИРУЕТ НА ЖАЛОБЫ

СОСЕДУ ВСЕ РАВНО

УГРОЗЫ НЕ ДЕЙСТВУЮТ

ТРУДНЫЙ СОСЕД

НИКОГО ДРУГОГО ЭТО НЕ ЗАТРАГИВАЕТ

ПРОДОЛЖАЕТСЯ УЖЕ ДОЛГОЕ ВРЕМЯ

НЕВОЗМОЖНО НЕ СЛЫШАТЬ МУЗЫКУ

Это настоящий, не выдуманный список первых пришедших в голову факторов рассматриваемой ситуации. Я записал эти факторы в том порядке, в котором они пришли мне в голову в связи с этой вымышленной ситуацией. Если бы я больше размышлял над ней, список мог бы получиться другим.

Но самое главное — мы имеем дело с настоящим списком, составленным по принципу потока сознания. Было бы мало пользы от того, что мы взяли бы и тщательно отобрали тезисы, чтобы продемонстрировать заведомый результат.

Третий шаг состоит в том, чтобы пройтись по элементам списка, присваивая каждому из них букву алфавита: *A*, *B*, *C*, *D* и т. д.

Четвертый шаг — самый главный и включает собственно построение потоков. Рассматривая элементы списка по одному, вы определяете, к какому другому элементу «перетекает» этот конкретный элемент.

Все очень просто: к какому другому элементу списка ведет данный элемент? Это вопрос не причинно-следственной связи, а того, что «приходит в голову следующим». С одной стороны, это может быть очень просто, когда другой элемент является очевидным пунктом назначения. Или это может быть очень сложным делом, поскольку возможным исходом могут показаться два и более элемента. Или вообще ни один элемент не кажется подходящим исходом.

Как бы сложно ни было, приложите максимум усилий.

Например, мы имеем:

A ГРОМКАЯ МУЗЫКА

Это как будто ведет к элементу *C*, так что мы получаем:

A ГРОМКАЯ МУЗЫКА *C*

Берем следующий элемент:

E СОСЕДУ ВСЕ РАВНО

Это, по-моему, ведет к *F*, так что мы имеем:

E СОСЕДУ ВСЕ РАВНО *F*

Весь список мог бы теперь выглядеть следующим образом:

A ГРОМКАЯ МУЗЫКА *C*

B С ЗАВИДНЫМ УПОРСТВОМ *C*

C НЕВОЗМОЖНО СПАТЬ *H*

D НЕ РЕАГИРУЕТ НА ЖАЛОБЫ *E*

E СОСЕДУ ВСЕ РАВНО *F*

F УГРОЗЫ НЕ ДЕЙСТВУЮТ *G*

G ТРУДНЫЙ СОСЕД *E*

H НИКОГО ДРУГОГО ЭТО НЕ ЗАТРАГИВАЕТ *F*

| *I* | ПРОДОЛЖАЕТСЯ УЖЕ ДОЛГОЕ ВРЕМЯ   *C* |

| *J* | НЕВОЗМОЖНО НЕ СЛЫШАТЬ МУЗЫКУ   *C* |

Пятый шаг заключается в том, чтобы построить потокограмму, используя буквы, представляющие элементы списка. Например, если *A* (ГРОМКАЯ МУЗЫКА) течет к *C* (НЕ МОГУ СПАТЬ), тогда мы просто указываем, что *A* ведет к *C*, как показано на рис. 41.

Рис. 41

То же самое мы проделываем для каждого элемента списка. При этом подмечаем, какой элемент чаще всего упоминается среди букв справа (то есть среди результирующих тезисов). В рассматриваемом примере *C* четыре раза оказывается в результирующих тезисах. Включим его первым в состав нашей будущей потокограммы, а затем присовокупим те элементы списка, от которых мы совершили переход к нему.

Следите за тем, чтобы каждая буква включалась в состав потокограммы только единожды. Проверяйте это время от времени, поскольку достаточно легко случайно включить какую-либо букву повторно.

С первого раза потокограмма получится, скорее всего, весьма сумбурной. Поэтому ее следует перерисовать более аккуратно — так, чтобы стрелки не пересекались.

Окончательным результатом может стать, например, потокограмма, представленная на рис. 42. Как можно легко видеть, каждое событие на ней (представленное соответствующей буквой) перетекает к другому событию.

К некоторым элементам переход осуществляется особенно часто — как, например, к *C*. Однако у каждого элемента может быть единственная стрелка, отходящая от него к какому-нибудь другому элементу. Это очень важный аспект, в точности соответствующий правилу медуз, согласно которому медуза может вонзить свое острие в одну-единственную медузу.

Данный момент основан на общем правиле, которое гласит: при заданных обстоятельствах одно состояние всегда переходит в единственное другое состояние.

На данном этапе будем считать, что контекст или набор обстоятельств остается неизменным. Позднее мы рассмотрим, что происходит, когда меняется контекст.

Кратко повторим и сведем вместе шаги, необходимые для построения потокограммы.

1. Выбрать тему потокограммы.
2. Составить список потока сознания.
3. Присвоить каждому элементу списка букву алфавита по порядку.

4. Для каждого элемента указать, к какому другому элементу он перетекает.
5. Начертить потокограмму.
6. Перечертить потокограмму более аккуратно.

ИССЛЕДУЕМ ПОТОКОГРАММУ

Теперь, имея потокограмму, мы можем как следует рассмотреть ее и прийти к определенным выводам, подобно тому как если бы мы комментировали картограмму. Можно заметить ряд свойств, присущих любой потокограмме.

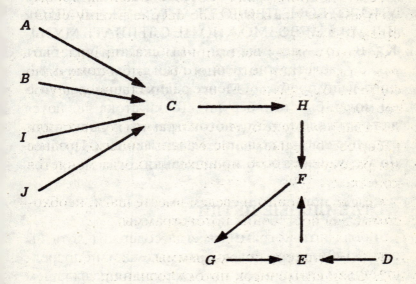

Рис. 42

КОЛЛЕКТОРЫ

На потокограмме имеются точки, которые словно притягивают к себе стрелки от многих других точек. На рис. 42 *C* является очевидным примером такой точки. Можно назвать такие точки потокограммы коллекторами, узлами, точками стока или просто стоками. Они, кажется, притягивают к себе другие точки. Другие точки, или элементы потокограммы, перетекают в эти точки. В примере, который мы рассматриваем, тезисом *C* является НЕВОЗМОЖНО СПАТЬ. Совершенно очевидно, что это центральная идея и главная причина возникшей проблемы. Вот тезисы, которые перетекают в данный тезис: ГРОМКАЯ МУЗЫКА, С ЗАВИДНЫМ УПОРСТВОМ, ПРОДОЛЖАЕТСЯ УЖЕ ДОЛГОЕ ВРЕМЯ и НЕВОЗМОЖНО НЕ СЛЫШАТЬ МУЗЫКУ. В этом месте вы могли бы сказать, что, быть может, таблетка снотворного могла бы помочь решить вашу проблему. Менее радикальным решением могли бы стать беруши. Точки стока являются важными элементами потокограммы и также зачастую предлагают решение. Каждый коллектор обычно заслуживает особого внимания.

СТАБИЛЬНЫЕ ПЕТЛИ

Любая потокограмма всегда содержит хотя бы одну стабильную петлю. Это вытекает непосредственно из того, о чем мы говорили в предыдущем разделе, а также из теоремы, сформулированной на с. 66. Если вы не можете найти стабильную петлю на своей потокограмме, проверьте ее, поскольку где-то вы допустили ошибку.

На потокограмме, показанной на рис. 42, стабильную петлю образуют элементы *F-G-E*. Налицо бесконечно повторяющаяся петля, встречавшаяся нам раньше. Она обеспечивает стабильность нашего восприятия в отношении рассматриваемой ситуации. Данная петля, означающая, что для нас сосед агрессивен, ему все нипочем и он не реагирует на угрозы, есть главная точка приложения для наших действий по разрешению проблемы. Можно рассмотреть в отдельности каждый из тезисов, образующих петлю. Если соседу все равно *(E)*, тогда можно подумать о решении проблемы через милицию или суд: может статься, что перед лицом органов власти ему будет не все равно. С другой стороны, с агрессивностью соседа *(G)*, быть может, проще справиться посредством вежливости и миролюбия. Возможно, агрессивность у соседа породил первоначальный категорично-нетерпимый подход с вашей стороны. Поскольку угрозы не работают *(F)*, можно попробовать способ «клин клином» и тоже начать включать музыку столь же громко.

СВЯЗУЮЩИЕ ЗВЕНЬЯ

На потокограмме, изображенной на рис. 42, *H* является важнейшим связующим звеном между точкой стока и стабильным состоянием. Рассмотрим *H* более подробно. Тезис *H* указывает, что одним из факторов не в вашу пользу является то, что никого больше эта ситуация не касается. В связи с этим речь не идет о группе поддержки или множественных жалобах. Возможно, все же что-нибудь можно было бы предпринять в этом направлении. Быть может, соседей можно было бы объединить в своего рода инициативную группу. Такая группа имела бы возможность разбираться со всеми местными проблемными ситуациями, включая жалобы на слишком громкую музыку, доносящуюся от соседей. Если бы сосед — любитель громкой музыки — был членом такой группы, ему пришлось бы объяснять, почему музыка должна быть такой громкой, или, в противном случае, группа своим авторитетом смогла бы оказать на него авторитетное давление.

Итак, мы убедились, что, имея перед собой потокограмму, мы можем эффективно работать над проблемой. Мы можем видеть как самые деликатные моменты, так и перспективные направления действия. Мы можем сфокусировать внимание и решить, в каком направлении лучше всего предпринимать действия. Мы можем по-прежнему стоять перед необходимостью выбрать наилучшее действие, однако всегда легче решать в отношении четко сформулированных шагов, чем более туманных.

ДАЛЬНЕЙШИЕ ПРИМЕРЫ

Разберем еще несколько примеров. Я хочу подчеркнуть, что в каждом случае речь идет о настоящем списке потока сознания. Я не выдумывал примеры и ситуации, чтобы доказать свою точку зрения. Вы можете, если хотите, взять такой же список и расположить собственные связи и потокограмму или же выбрать тему и составить собственный список потока сознания.

Многие люди беспокоятся, является ли составленный ими список достаточно полным и правильно ли они построили связи. Это не имеет большого значения. Потокограмма представляет собой образ ваших восприятий в данный момент времени. Образы могут получиться разными в разное время, точно так же как у вас может сложиться разное представление о доме в зависимости от того, в какое время суток вы осматриваете его. Кроме того, ваши восприятия могут быть разными в зависимости от обстоятельств. В водной логике речь идет не о чьей-то правоте, а о том, что во что перетекает. Поэтому смело составляйте потокограммы, не слишком заботясь о том, правильно ли вы это делаете.

ТЕМА

У вас верная и опытная секретарша, которая честно проработала с вами в течение многих лет. По мере того как годы берут свое, работать ей становится все сложнее. Она еще не достигла пенсионного возраста и не хотела бы уходить на пенсию ранее положенного срока.

СПИСОК

A   ПРОРАБОТАЛА С ВАМИ
      МНОГО ЛЕТ   *I*

B   НЕ ЖЕЛАЕТ УХОДИТЬ НА ПЕНСИЮ   *E*

C ЕСТЬ НЕОБХОДИМОСТЬ НАНЯТЬ НОВОГО ЧЕЛОВЕКА   *F*

D ДЕНЬГИ — ЭТО НЕ ПРОБЛЕМА   *B*

E СФЕРА ВЛИЯНИЯ — ПРОБЛЕМА   *B*

F ТРУДНО ДОКАЗАТЬ НЕСОСТОЯТЕЛЬНОСТЬ   *G*

G СЕКРЕТАРЬ — ЧЕЛОВЕК ВОСПРИИМЧИВЫЙ   *I*

H КОГДА-НИБУДЬ ЭТО ДОЛЖНО СЛУЧИТЬСЯ   *C*

I ОТРАЗИТСЯ НА МОРАЛЬНОМ ДУХЕ ДРУГИХ ЧЛЕНОВ КОЛЛЕКТИВА   *B*

J НАМЕКИ ИГНОРИРУЮТСЯ И ОТВЕРГАЮТСЯ   *B*

ПОТОКОГРАММА

Можете нарисовать собственную потокограмму, исходя из потоков, указанных в списке, либо воспользоваться готовой (рис. 43).

Итак, приступим к рассмотрению нашей потокограммы.

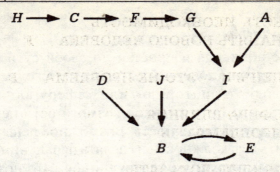

Рис. 43

Точка B

Это явная точка стока. Секретарша попросту не желает уходить на пенсию. Уволить ее означало бы проявить неблагодарность к ней, а также провоцировать падение морального духа у других членов коллектива.

Точка I

Это также некая точка стока, куда вливаются несколько потоков, которые затем питают *B*. По сути, *I* подтверждает, что увольнение не является выходом из положения.

Цепь H-C-F-G

Необходимость в перемене, на которую указывает данная логическая цепочка, в конце концов блокируется невозможностью уволить секретаря против ее воли.

Петля B-E

Это стабильная и простая по своей сути петля. Секретарша не хочет увольняться и не желает уступать свою «территорию» или «сферу влияния». В связи с этим нет никакой возможности перевести ее на другую должность. Возможное решение — повысить ее в должности и сделать начальницей над некоторыми группами сотрудников. Это позволило бы ей сохранить свою «сферу влияния», и при этом работу, которую она сама уже не в силах выполнять, делали бы люди, находящиеся у нее под началом.

Потокограмма также показывает, что работа в направлении точек D и J не обещает каких-либо существенных перемен.

ТЕМА

Начало ценовой войны между заправочными станциями. Заправочная станция по соседству понизила цены, для того чтобы увеличить свою долю в бизнесе.

СПИСОК

A   ОДИНАКОВЫЕ КЛИЕНТЫ   *G*

B   ОДИНАКОВЫЙ БЕНЗИН   *G*

C   СНИЖЕНИЕ ЦЕН   *G*

D   **БОЛЬШЕ КЛИЕНТОВ**   *G*

E   **НИЗКАЯ ПРИБЫЛЬ**   *F*

F   **НЕУСТОЙЧИВОЕ ПОЛОЖЕНИЕ**   *H*

G   **ПРЕИМУЩЕСТВО ПЕРЕД КОНКУРЕНТАМИ**   *D*

H   **ОБА ПРОИГРАЮТ**   *F*

I   **ПЕРВОНАЧАЛЬНОЕ ПРЕИМУЩЕСТВО**   *D*

J   **ОТНОШЕНИЕ ВОДИТЕЛЕЙ**   *D*

Интересно отметить, что элементы данного списка являются довольно категоричными тезисами.

ПОТОКОГРАММА

Потокограмма, построенная на основе приведенного выше списка, представлена на рис. 44.

Исследуя потокограмму, можно заметить, что на сей раз имеют место две отдельные формации. Одна основана на стабильной петле *G-D*, другая — на стабильной петле *F-H*.

Петля *F-H*

Данная петля носит сугубо коммерческий характер. Прибыль окажется слишком низкой, поэтому снижение цен бессмысленно. Если пойдете по пути понижения цен, с тем чтобы соответствовать уровню конкурентов, тогда вы оба окажетесь в невыгодном положении.

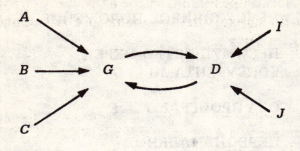

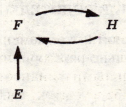

Рис. 44

Петля G-D

Данная петля носит маркетинговый характер. Снижая цены, вы получаете преимущество перед конкурентами и привлекаете больше клиентов. Остается надеяться, что они останутся с вами даже после того, как вам со временем придется повысить цены. На самом деле это ваше восприятие того, что ваш конкурент собирается делать.

Таким образом, первым пунктом, заслуживающим внимания, является то обстоятельство, что коммерческая петля явно отделена от маркетинговой. Легко представить себе в этот момент менеджера по маркетингу, спорящего с коммерческим директором.

Точка G

Это важная точка стока. Сразу несколько элементов вливается в элемент ПРЕИМУЩЕСТВО ПЕРЕД КОНКУРЕНТАМИ. Если *G* оказывается под угрозой, тогда вся ваша деятельность может быть бессмысленной. Опусти вы цены немедленно, догоняя конкурента, для последнего может оказаться бесперспективной попытка бороться или вообще что-либо предпринимать. Если же конкурент обладает значительными финансовыми резервами, чтобы работать себе в убыток, тогда в трудном положении можете оказаться вы сами. Вашим лучшим действием по-прежнему было бы снизить цены, но при этом пытаться добиться прибыли в другой области, такой как продажа продуктов питания, иного ходового товара, оказание различных видов услуг, таких как ремонт, мойка автомобилей. Возможно, бензин на некоторое время станет составлять вашу основную статью потерь.

ТЕМА

В некоторых странах, например Швеции, прогулы могут составлять до 25% рабочего времени.

СПИСОК

A ОТСУТСТВИЕ МОТИВАЦИИ *B*

B УСТОЯВШАЯСЯ ПРИВЫЧКА ИЛИ ТРАДИЦИЯ *D*

C ОБА СУПРУГА РАБОТАЮТ *E*

D ЗАЩИТА ОТ УВОЛЬНЕНИЯ *B*

E ДОМАШНИЕ, СЕМЕЙНЫЕ И ДРУГИЕ ДЕЛА *G*

F КОЛЛЕГИ ПРИКРЫВАЮТ *J*

G БОЛЬШОЕ РАССТОЯНИЕ ОТ ДОМА ДО РАБОТЫ *B*

H ВЫСОКИЙ ПОДОХОДНЫЙ НАЛОГ *A*

I ДРУГИЕ ХОББИ И ИНТЕРЕСЫ *B*

J ОТСУТСТВУЕТ ЧУВСТВО ОТВЕТСТВЕННОСТИ *A*

ПОТОКОГРАММА

Потокограмма, вытекающая из означенного списка, представлена на рис. 45. Проанализируем ее.

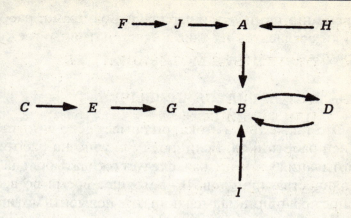

Рис. 45

Точка B

Это очевидная точка стока. Какими бы ни были факторы, имеет место привычка. Работники начинают рассматривать прогулы как часть трудового режима. Это может подтолкнуть к мысли о том, не следует ли смириться с этим или даже некоторым образом узаконить такой порядок вещей. Возможно, работникам можно было бы официально разрешить определенное количество прогулов в год. Другим подходом могло бы быть требование заранее информировать своих коллег о предстоящих прогулах. Последнее предложение может оказаться не очень правильным, поскольку о домашних и семейных проблемах нельзя знать заранее. Другое предложение состоит в том, чтобы официально укоротить рабочие часы, учитывая прогулы, но одновременно понизить и зарплату. Возможно, работники согласятся на такой альтернативный режим работы.

Точка А

Это также точка стока; она имеет дело с мотивацией работников. Если людям скучно на работе и мотивация у них низкая, следует ожидать большего количества прогулов. В настоящее время во всем мире предпринимаются попытки повысить мотивацию работников.

Цепь C-E-G

Мало что можно сделать в отношении этих аспектов.

Петля B-D

Это очень простая петля. Люди не боятся увольнения по причине высокого авторитета профсоюзов и либерального законодательства по охране труда. Собственно, это и стало причиной того, что привычка возобладала. Очень маловероятно, что законодательство по охране труда удастся изменить в короткие сроки. Нет страха перед увольнением, но нет ли какого-либо другого страха? Возможно, если бы влияние коллектива было больше, тогда давление со стороны коллег заменило бы страх перед увольнением. Возможно, стоит подумать о том, чтобы дать определенные привилегии коллективам, где меньше прогулов. Опять-таки, возможно, для работников с большим стажем мнение коллектива будет значить больше, чем для новичков.

ТЕМА

Религиозная или этническая вражда, из-за которой два сообщества, живущих по соседству, не могут поладить.

СПИСОК

A НАСИЛИЕ   *B*

B МЕСТЬ ЗА ПРОШЛЫЕ ОБИДЫ   *C*

C НИКТО НИКОМУ НЕ УСТУПАЕТ   *H*

D ЭКОНОМИЧЕСКИЕ ТРУДНОСТИ   *J*

E ВЛИЯНИЕ КОЛЛЕКТИВА/ СВЕРСТНИКОВ   *C*

F ГНЕВ   *B*

G ОТЧАЯНИЕ   *B*

H ЯРЛЫК ПРЕДАТЕЛЯ   *B*

I	МЕСТНЫЕ ГЕРОИ	*C*
J	БУДУЩЕЕ	*D*
K	УРЕГУЛИРОВАНИЕ	*C*

ПОТОКОГРАММА

Потокограмма, построенная на основе приведенного выше списка, показана на рис. 46. Проанализируем ее.

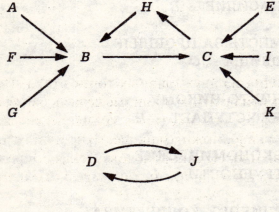

Рис. 46

Петля D-J

Первое важное замечание состоит в том, что имеются две отдельные формации вокруг двух стабильных петель. Вначале рассмотрим маленькую петлю

D-J. Она позволяет сделать вывод, что экономические трудности и будущее, по большому счету, не принимаются во внимание и поэтому не могут оказать большого влияния на урегулирование ситуации.

Во внешнем мире экономические трудности вполне могут быть первопричиной волнений, но это вовсе не значит, что они имеют вес в происходящих ныне процессах. Это довольно убедительно иллюстрирует разницу между причинно-следственным анализом и «водным» анализом восприятий. Люди очень часто не склонны отходить от междоусобной вражды по той лишь причине, что она разрушает экономику.

Точка B

Это одна из двух главных точек стока. Необходимость отплатить за прошлые дела является одним из факторов, из-за которых конфликт не затухает. Кажется невозможным провести черту или предать все забвению. Не такова человеческая природа. Насилие, гнев и отчаяние питают идею отмщения.

Точка C

Это вторая точка стока. Она представляет идею о том, что никогда не следует отступать, особенно перед лицом насилия или давления. Подкрепляет эту идею влияние коллектива и сверстников. Здесь же налицо предпосылки для возникновения местных героев и лидеров. Можно также сделать вывод, что урегулирование возможно лишь при условии, что оно не будет воспринято как уступка с той или иной стороны.

Петля В-С-Н

Это стабилизирующая петля, которая связывает между собой две означенные группы точек. Главным связующим звеном выступает *Н*. Из-за боязни получить ярлык предателя никто не решается предпринять шаги к примирению. Даже если таковые и были бы предприняты, их эффективность автоматически оказалась бы низкой, поскольку клеймо предателя немедленно лишило бы этого человека руководящей роли в коллективе.

Поэтому неудивительно, что рассматриваемая ситуация в целом является очень стабильной.

ВНУТРЕННИЙ И ВНЕШНИЙ МИР

Я уже говорил и хотел бы повторить еще раз, что водная логика и потокограммы по большей части относятся к внутреннему миру восприятия. В некоторых примерах, проанализированных выше, читателю могло показаться, что потокограмма имеет дело с внешним миром реальности. Бывают времена, когда эти два мира сходятся, и очень близко. Если ваше восприятие достаточно точно описывает то, что происходит во внешнем мире, тогда подобие между двумя этими мирами будет весьма велико. Если внешний мир сам по себе определяется лишь восприятием людей, вовлеченных в ситуацию, тогда подобие будет весьма близким. Тем не менее следует помнить о том, что потокограмма описывает восприятия. Речь не идет о том, чтобы «доказать точку зрения» или «предоставить доказательства существования зависимости», как в случае анализа ситуаций во внешнем мире. Если зависимость существует в нашем восприятии, то она существует реально. Она может быть ошибочной или необоснованной, но это не имеет значения: она существует в виде восприятия. Строя потокограмму, мы пытаемся найти ее.

Когда мы видим потокограмму, то можем попытаться изменить зависимость, но это уже более поздний шаг. Поэтому когда мы смотрим на потокограмму, построенную другим человеком, нам никогда не следует позволять замечания вроде: «Почему вы так думаете?» Одни люди более красивы, другие менее, такова реальность. Одни восприятия умны и обоснованны, другие неадекватны или односторонни.

Потокограммы служат для того, чтобы мы могли видеть восприятия, какими они есть, а не такими, какими нам хотелось бы их видеть.

Это очень важная мысль; она может показаться трудной для понимания для тех, кто занимается объективным анализом. Обычно такой анализ на самом деле не такой уж объективный, а, опять-таки, состоит из набора восприятий — правда, таких, которые могут быть подкреплены аргументами в ходе спора. Относительно потокограммы спорить никогда не приходится. Вы можете потребовать уточнений или пояснений, если вам непонятны те или иные пункты в списке потока сознания, но это уже совсем другое дело.

Возможно, читатели, попробовавшие построить собственные потокограммы на основе учебных ситуаций, приведенных в книге, получат совсем другие результаты. Их потокограммы при этом будут заслуживать не меньшего внимания, чем мои. Каждая потокограмма может быть подвергнута изучению на предмет тех выводов, к которым она позволяет прийти.

ПРАКТИЧЕСКИЙ МЕТОД

Метод потокограмм, продемонстрированный здесь, является практическим методом, которому можно научиться, приобрести соответствующий опыт использования и с успехом применять. Метод вытекает непосредственно из водной логики и является способом ее применения на практике. Метод может быть взят на вооружение и использован в будущем, спустя много времени после того, как содержание данной книги сотрется из памяти. Я всегда стремился предлагать людям практические методы, которые способны доказать свою полезность в процессе их применения. Назначение любой концептуальной модели состоит в том, чтобы приносить какую-нибудь пользу, иначе они остаются простым описанием чего-либо, ничем не лучше любого другого.

Такое положение вещей вытекает из водной логики и прагматизма. Мне часто присылают сложные описания строения вселенной и тому подобных вещей и явлений. Если хорошенько взяться, можно описать любую вещь большим количеством различных способов. И что дальше? К какому практическому результату приводит та или иная описательная модель? Например, она может породить новые подходы, позволяющие открыть нечто новое, или привести непосредственно к практическому результату, например новому способу мышления.

ПОТОК СОЗНАНИЯ — БАЗОВЫЙ ПЕРЕЧЕНЬ

Список потока сознания является основой потокограммы. Время от времени я буду называть его «базовый перечень», в основном потому, что это сочетание короче, чем «список потока сознания», а с другой стороны, мне не хотелось бы прибегать к жаргонным сокращениям типа «список ПС».

Второй урок в рамках программы CoRT* для непосредственного обучения навыкам мышления в школах называется CAF («Consider All Factors»). Расшифровывается это как «Учитывай Все Факторы». Я специально использую эту аббревиатуру, поскольку методу CAF обучают. Это своего рода конкретный метод мышления, поэтому он должен иметь собственное имя. С помощью CAF человеку настоятельно рекомендуют учитывать все необхо-

---
* Программа, разработанная мною для непосредственного обучения мышлению в рамках школьного предмета. — *Прим. авт.*

димые факторы, которые нужно проанализировать в процессе рассмотрения конкретной ситуации. Данный процесс очень похож на тот, что используется при составлении базового перечня. В такой базовый перечень, однако, мы включаем факторы и доводы.

Если бы вы применяли метод CAF, решая, какое домашнее животное вам завести, ваш перечень мог бы включать следующие пункты:

РАЗМЕР

КОЛИЧЕСТВО ПОТРЕБЛЯЕМОГО КОРМА

НУЖДАЕТСЯ ЛИ В ТРЕНИРОВКЕ

ШУМ

ЗАНИМАЕМОЕ МЕСТО

ЦЕНА

Если бы вам пришлось составлять потокограмму, связанную с выбором домашнего животного, ваш перечень мог бы быть очень похожим на приведенный выше. Базовый перечень включает в себя идеи, аспекты, черты, первые пришедшие в голову мысли, приоритеты, недостатки, цели и т. д. Вам может показаться, что базовый перечень охватывает весьма широкий круг вещей, но в этом и состоит его суть. Может также показаться, что трудно увязать между собой, например, недостатки и цели. Но такова природа восприятия. В мозге нет ящичков с наклеенными на них ярлычками. Поэтому он и называется перечнем потока сознания. Вы записываете вещи в том порядке, в каком они приходят вам в голову. Со временем ваши базовые перечни будут становиться все лучше и лучше — как отражения ваших восприятий.

Я хотел бы еще раз обратить внимание на то, что перечень потока сознания не является *анализом* ситуации. Я подчеркиваю это здесь еще раз потому, что люди склонны к анализу. Анализ происходит посредством снятия слоя с чего-либо, затем измельчения слоев и т. д. У этого подхода есть свое место и свои достоинства, однако он слишком ограничивает полет мысли, когда речь идет о потокограммах. Сравните, к примеру, анализ требований, предъявляемых к блюдам на званом обеде, и перечнем потока сознания.

Анализ

ИНГРЕДИЕНТЫ

КУЛИНАРНОЕ ИСКУССТВО ХОЗЯЙКИ

ВРЕМЯ ПРИГОТОВЛЕНИЯ

ПРЕДПОЧТЕНИЯ ГОСТЕЙ, АЛЛЕРГИЧЕСКИЕ РЕАКЦИИ

ОФОРМЛЕНИЕ БЛЮД

ПОРЯДОК СМЕНЫ БЛЮД

Поток сознания

СЮРПРИЗ

ОРИГИНАЛЬНЫЕ БЛЮДА

ЗАПОМНИВШИЕСЯ БЛЮДА

ИЗЫСКАННЫЕ БЛЮДА

ЛЮДИ НА ДИЕТЕ

ПОПРОБОВАТЬ ЧТО-НИБУДЬ НОВЕНЬКОЕ

Возможно, аналитик мог бы теперь сказать, что все элементы списка потока сознания могли бы рано или поздно оказаться в достаточно широком аналитическом перечне. Следует заметить, что для этого анализ должен был быть весьма детальным. С другой стороны, многие из элементов аналитического списка могли, в свою очередь, оказаться в списке потока сознания.

Важно помнить о том, что список потока сознания строится для иных целей, чем аналитический список.

Список потока сознания, или базовый список, необязательно должен быть законченным. Если бы ему нужно было обрести полноту и законченность, он получился бы очень длинным и трудным для обработки. Почему не имеет значения, является ли базовый список полным. Восприятие никогда не бывает полным и законченным. Мы смотрим на вещи с одной точки зрения. Наше внимание задерживается на определенных аспектах какой-либо вещи и не задерживается на других.

На рис. 47 изображена цепочка от точки *A* к точке *D*. Если бы вы просто соединили стрелкой *A* и *D*, эффект получился бы тот же. Это чем-то напоминает голограмму. В голограмме все изображение объекта присутствует в каждой ее части. Подобным образом в мире восприятий целое оказывает влияние на любую свою часть, в результате чего любая часть, перенесенная нами на бумагу, несет в себе отражение целого.

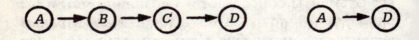

Рис. 47

В примерах потокограмм, рассмотренных нами выше, базовый список включал около десяти элементов. Может показаться, что элементов в них не так уж много. Вместе с тем даже из такого малого количества удается построить очень полезные потокограммы. Впоследствии мы рассмотрим потокограммы, у которых базовый перечень будет включать двадцать и более элементов.

По мере того как будет расти ваш навык построения и использования потокограмм, вы начнете вносить в базовый список элементы, которые включают в себя ряд других элементов. Например, составляя базовый список о продовольственном магазине по соседству, вы вряд ли станете перечислять:

АПЕЛЬСИНЫ

ЛИМОНЫ

ЯБЛОКИ

ГРЕЙПФРУТЫ

ДЫНИ

ГРУШИ

Все эти элементы могут быть объединены под одним заголовком — СВЕЖИЕ ФРУКТЫ. Или еще более общим — СВЕЖАЯ СЕЛЬХОЗПРОДУКЦИЯ. Таким образом вы сэкономите место в вашем списке для таких вещей, как УРОВЕНЬ ОБСЛУЖИВАНИЯ, ОТНОШЕНИЕ ПРОДАВЦОВ, ЦЕНЫ и т. д.

Следует отметить, что для базового списка лучше использовать концептуальные понятия, однако параллельно он может включать и совершенно конкретные элементы. Имея комбинацию концепций и конкретных объектов, вы обнаружите, что концепции чаще играют роль коллекторов.

Элементами базового списка обычно становятся существительные или короткие фразы. Включать единичные глаголы не представляется уместным. Не стоит также использовать в качестве элементов прилагательные или наречия — лучше трансформировать их в существительные.

Например, в базовом перечне, посвященном вопросам образования, можно было бы иметь элемент ЖЕЛАЮЩИЕ УЧИТЬСЯ или же просто МОТИВАЦИЯ СТУДЕНТОВ. Иногда, однако, фразы более красноречивы, чем статические описания. Например, фраза НЕ БЕСПОКОИТЬ ПО ПУСТЯКАМ живее выражает мысль, чем РАВНОДУШНЫЙ. Несмотря на то что само занятие не требует большого труда, качество базового списка улучшается с опытом. Элементы, включаемые в список, оказываются все более значимыми.

Однако вам не следует сознательно «изобретать» элементы. Включайте в список только то, что приходит вам в голову. Базовый список по вопросу «Как определить местоположение магазина?» мог бы быть следующим:

ПО КАКОЙ СТОРОНЕ УЛИЦЫ ХОДЯТ ЛЮДИ

НЕДАЛЕКО ОТ АВТОБУСНОЙ ОСТАНОВКИ

ИМЕЕТСЯ ПАРКОВКА

В ПОХОЖИХ МАГАЗИНАХ ПОДСКАЖУТ

В ПОХОЖИХ МАГАЗИНАХ НЕ ПОДСКАЖУТ (КОНКУРЕНТЫ)

ВИДЕН ИЗ ОКНА МАШИНЫ

СТОИМОСТЬ АРЕНДЫ В ЭТОЙ ЧАСТИ ГОРОДА

ЦЕНА ИЛИ КАЧЕСТВО ПРОДАВАЕМЫХ ТОВАРОВ

В данном списке есть противоречие. Сотрудники подобных магазинов могут вести себя как конкуренты, стараясь направить вас по ложному следу. С другой стороны, аналогичные магазины могут быть заинтересованы в том, чтобы привлекать больше клиентов, заинтересованных в определенном виде товара, в этот район города.

Как я говорил ранее, в восприятии не бывает противоречия. Вы просто включаете оба элемента в базовый список.

Вам может показаться трудным составить список даже из десяти элементов, не говоря уже о двадцати. Если же, наоборот, вам кажется это слишком простым и элементов оказывается слишком много, возможно, вы работаете на детальном уровне (вроде апельсинов, лимонов и яблок в случае с продовольственным магазином выше). Если это так, продолжайте включать элементы, сколько бы их ни было и каким бы длинным ни казался вам ваш список.

Затем еще раз просмотрите список и попробуйте сократить его до удобного размера (десять—двадцать элементов) путем комбинирования различных элементов.

Например, базовый список по вопросу образования мог бы выглядеть следующим образом:

ОДАРЕННЫЕ ДЕТИ

РЕСУРСЫ ДЛЯ ОСОБЫХ НУЖД

ПРОДВИНУТЫЕ КУРСЫ

ВОСПИТАНИЕ ТАЛАНТОВ

Все эти элементы можно было бы объединить в один:

ОСОБЫЕ НУЖДЫ ОДАРЕННЫХ ДЕТЕЙ

Если бы возникла потребность исследовать эту конкретную область знания, можно было бы составить отдельную потокограмму, посвященную именно этому вопросу.

ПРИНЯТИЕ РЕШЕНИЙ

Сама потокограмма не является методом решения проблем/принятия решений. Я имею в виду, что если у нас имеется потокограмма, то мы можем использовать ее как основу для решения той или иной проблемы, как я продемонстрировал выше. Опасность здесь, однако, состоит в том, что если вы решите использовать потокограммы исключительно для поиска выхода из проблемных ситуаций и т. п., тогда элементы, включаемые вами в базовый список, будут отражать не столько ваше восприятие самой ситуации, сколько то, что *вы желали бы предпринять* для решения существующей проблемы. Это может оказаться значительным сдерживающим фактором. В связи с этим гораздо эффективнее сначала строить потокограмму, касающуюся той или иной ситуации, и лишь затем использовать готовую потокограмму как основу для решения проблемы. При решении проблем/принятии решений можно использовать те же методы, которые я использовал выше в примерах, но можно применять и прямые методы «вмешательства», которые будут описаны далее в главе, посвященной внесению корректив в потокограммы.

Вы могли бы построить потокограмму, чтобы исследовать свой подход к проблеме или даже традиционный подход. Это даст вам представление о существующих подходах и может послужить основой для определения новых подходов к проблеме.

БОЛЕЕ СЛОЖНЫЕ ПОТОКОГРАММЫ

Назначение потокограммы заключается в том, чтобы на нее смотреть. Вам надо научиться смотреть на потокограмму почти так же, как географ, фермер или строитель смотрят на картограмму: делая для себя пометки; комментируя; подмечая моменты, представляющие интерес и имеющие особое значение; и вообще, определяя для себя, на что в первую очередь следует обратить внимание.

Если человек серьезно относится к составлению потокограмм, обычно ему хочется знать, правильно ли она составлена. Хорошо известно, что сложная математическая модель, описывающая некую экономическую ситуацию, совершенно бесполезна, если в нее вкралась ошибка или что-то было упущено при ее построении. Поскольку процесс создания потокограммы не представляет сложности, сомнения насчет ее корректности могут быть весьма велики.

Я опять же повторюсь: мир водной логики и потокограмм отличается от мира каменной логики, суждений, анализа, и это, с точки зрения данной книги, правильно.

Потокограммы по своей природе весьма прочны, и изменения в каком-то одном месте очень часто оказывают совсем небольшое влияние на ее структуру. Я проиллюстрирую эту мысль очередным примером.

ТЕМА

Выбор места для отдыха.

СПИСОК

A   ЗАТРАТЫ   *I*

B   КЛИМАТ   *Q*

C   ПОМЕНЬШЕ ХЛОПОТ   *Q*

D   ХОРОШАЯ КОМПАНИЯ   *G*

E   ЕСТЬ ЧЕМ ЗАНЯТЬСЯ   *T*

F   ЕСТЬ ЧТО ПОСМОТРЕТЬ   *E*

G   ПРИЯТНАЯ АТМОСФЕРА   *T*

H   БУДЕТ О ЧЕМ РАССКАЗАТЬ   *R*

I	СОГЛАСИЕ ВСЕХ СТОРОН	*H*
J	ОПЫТ	*K*
K	ЗНАКОМОЕ МЕСТО	*E*
L	ГОТОВНОСТЬ К НЕОЖИДАННОСТЯМ	*O*
M	ПЛАНЫ НАПЕРЕД	*P*
N	СОВЕТЫ	*K*
O	РИСК	*A*
P	ВРЕМЯ ГОДА	*B*
Q	ИНТЕРЕСЫ	*G*
R	ПРЕДЧУВСТВИЯ	*Q*
S	ЗДОРОВЬЕ	*T*
T	АКТИВНОСТЬ	*Q*

ПОТОКОГРАММА

Первый шаг в создании потокограммы состоит в том, чтобы посмотреть на буквы справа (буквы, обозначающие точку назначения после логической операции перехода). Смотрим, какая буква встречается чаще других, и включаем ее первой в состав будущей потокограммы. Затем наносим все элементы, от которых есть переход к первому элементу, отображая его стрелками. Результат представлен на рис. 49. Мы построили костяк, на который теперь может быть нанизана вся потокограмма.

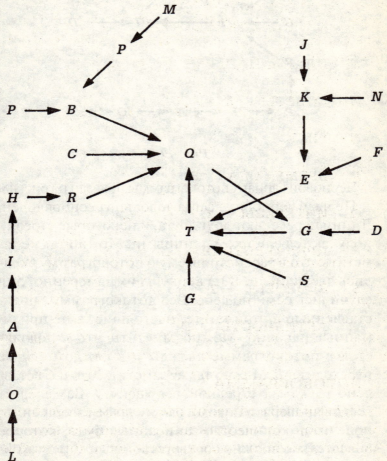

Рис. 48

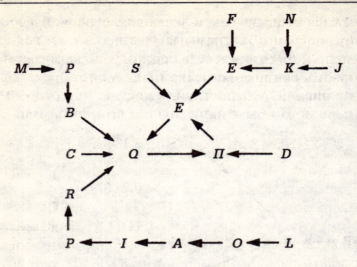

Рис. 49

Черновой вариант потокограммы показан на рис. 48. Первый черновик всегда довольно беспорядочен. Линии пересекают друг друга, и некоторые стрелки получаются слишком длинными. Можно также заметить, что в рассматриваемую потокограмму вкрались две ошибки. Я не вставлял их намеренно, они случились сами по себе. Все потокограммы, представленные в этой книге, настоящие, а не придуманные нарочно. Можно заметить, что P появляется в потокограмме дважды и в каждом случае переходит в B. Можно также заметить, что и G вставлено дважды со стрелкой, ведущей к T. Вам следует всегда проверять потокограмму по ее завершении, подсчитав количество записанных букв, которое обязательно должно соответствовать их числу в базовом списке. Вам также следует проверять, чтобы каждая буква из базового списка была включена в потокограмму. Если все буквы присутствуют и их число корректно, тогда ваша потокограмма, возможно, составлена правильно, если только вы не расставили неправильно стрелки.

ИЗУЧЕНИЕ ПОТОКОГРАММЫ

Если вернуться на некоторое время к базовому списку, то можно задаться вопросом, не могла ли G, представляющая ПРИЯТНУЮ АТМОСФЕРУ, с тем же успехом перетечь в C (ПОМЕНЬШЕ ХЛОПОТ) или в Q (ИНТЕРЕСЫ). Если попробовать сделать соответствующие замены на готовой потокограмме, можно увидеть, что стабильная петля переместилась, но все остальное осталось, по большей части, без изменения. Это именно то, что я подразумеваю под устойчивостью потокограммы.

Точка Q

Это явная точка стока. Элемент ИНТЕРЕСЫ может показаться слишком широким и обезличенным. Это действительно так, и в частных случаях больше пользы принесло бы указание реальных интересов.

Точка G

Это важная точка, поскольку в нее переходит точка стока Q. ПРИЯТНАЯ АТМОСФЕРА может не вполне отвечать духу потокограммы в рассматриваемом контексте. Более широкий термин «развлечения» подошел бы больше, но существует опасность включения в базовый список таких обширных понятий, как «развлечения». Опасность эта состоит в том, что вся потокограмма рискует «перетечь» в «развлечения» и весь ее смысл сведется к следующему: «самый лучший отдых — это отдых, полный развлечений».

Цепочка L-O-A-I-H-R

Эта длинная цепь переходит в Q. Все элементы цепи переходят один в другой почти как «аргументы», необходимые для принятия правильного решения.

Удивительно, что ни ЗАТРАТЫ, ни СОГЛАСИЕ ВСЕХ СТОРОН не оказались точками стока.

Петля Q-G-T

Она несет в себе ту мысль, что важнейшей характеристикой отдыха является соблюдение следующего условия: отдыху должна сопутствовать приятная атмосфера и он должен отвечать интересам и уровню активности отдыхающих.

Замечу в очередной раз, что потокограммы, имея дело с восприятиями, очень индивидуальны. Другой человек, например, мог бы сделать больший упор на D (ХОРОШАЯ КОМПАНИЯ) — важный пункт, переходящий непосредственно в G.

ТЕМА

Выбор карьеры.

СПИСОК

Список потока сознания, или базовый список, приведенный здесь, является довольно абстрактным, поскольку основан на беседах с молодыми людьми на важном этапе их жизни.

A **КАЧЕСТВО ЖИЗНИ** *B*

B **КВАЛИФИКАЦИЯ** *I*

C **ДОХОД** *A*

D **МЕСТОПОЛОЖЕНИЕ** *A*

E **СОЦИАЛЬНОЕ ПОЛОЖЕНИЕ** *G*

F **ПЕРСПЕКТИВЫ ПРОДВИЖЕНИЯ** *C*

G **САМООЦЕНКА** *A*

H **ОКРУЖАЮЩИЕ ЛЮДИ** *A*

I **ИНТЕРЕСНАЯ РАБОТА** *A*

J **ВОЗМОЖНОСТЬ САМОВЫРАЖЕНИЯ** *I*

K **ЭКОНОМИЧЕСКИЙ КЛИМАТ** *F*

L	СЕМЕЙНАЯ ЖИЗНЬ	*A*
M	ОСНОВА ДЛЯ ДРУГИХ ВЕЩЕЙ	*O*
N	ХОРОШО ДЛЯ ТРУДОВОЙ БИОГРАФИИ	*O*
O	ВОЗМОЖНОСТЬ ПЕРЕМЕН В БУДУЩЕМ	*F*
P	СТЕПЕНЬ ЗАГРУЖЕННОСТИ	*Q*
Q	ФАКТОР ЗДОРОВЬЯ	*A*
R	СКУЧНАЯ РАБОТА	*A*
S	РАБОЧИЙ ГРАФИК	*M*
T	ПЕНСИОННЫЕ ПЛАНЫ	*A*
U	ОТПУСК	*A*

ПОТОКОГРАММА

Потокограмма представлена на рис. 50. Как всегда, проанализируем ее.

Точка А

Это настолько мощная точка стока, что невольно задумываешься, не является ли концепция попросту слишком обширной. Не означает ли это только одно: «Хорошая работа — это работа, которая наилучшим образом мне подходит»? Как я отмечал в предыдущем примере, столь широкие концепции не приносят большой пользы. Интересно сравнение между *A* и *C*, которая также является точкой стока.

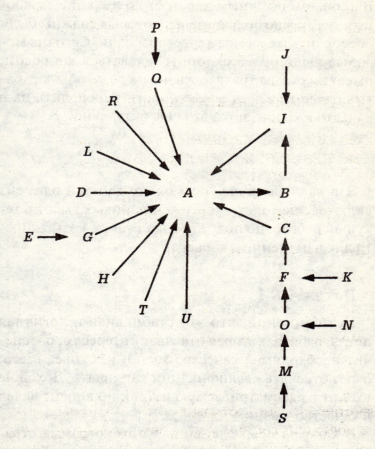

Рис. 50

Точка C

Вся формация *S-M-N-O-K-F* так или иначе переходит в *C*, что неудивительно, поскольку *C* — это ДОХОД. Какое-то время в жизни почти для всех людей доход является важным фактором, притягивающим к себе многие иные аспекты карьеры. В прошлом обычным делом было желание заработать как можно больше денег, которые должны были обеспечить желаемое качество жизни. Сегодня молодые люди более склонны задаваться вопросом, имеет ли смысл тратить жизнь на то, чтобы зарабатывать деньги, без возможности переводить их в качество жизни, пока это еще актуально.

Точка F

Эта важная точка, поскольку данный элемент включает не только достижение новых высот в текущей работе, но подразумевает также возможности для изменений в карьере.

Петля A-B-I

Нет сомнений, что это стабильная и логичная петля: работа, которая отвечает интересам, обеспечит необходимое качество жизни и, скорее всего, будет отвечать квалификации кандидата. Доход не входит в рассматриваемую петлю, но вносит вклад в качество жизни.

В каком-то смысле данная потокограмма страдает предсказуемостью и немного скучна, будучи практически лишённой сюрпризов. Возможно, преобладание качества жизни над доходом оказалось выше, чем мы могли ожидать. В жизни бывает немало случаев, когда потокограммы оказываются не более чем обобщением того, что мы уже и без того знали или предчувствовали. В этом случае у нас может возникнуть желание пойти дальше и построить потокограмму, посвящённую конкретно качеству жизни, с тем чтобы исследовать собственное восприятие.

ТЕМА

Во всем мире растет озабоченность по поводу увеличивающихся затрат на здравоохранение. Рост этих затрат значительно превосходит рост ВВП или даже инфляции. Потокограмма будет посвящена общему вопросу затрат на здравоохранение и направлена на поиск выхода из ситуации в чистом виде.

СПИСОК

A   ДОСТИЖЕНИЯ НАУКИ
    И ТЕХНИКИ   *B*

B   МЕДИЦИНА
    МОЖЕТ БОЛЬШЕ И БОЛЬШЕ   *D*

C   ПОСТОЯННЫЙ РОСТ ОЖИДАНИЙ
    СО СТОРОНЫ ОБЩЕСТВЕННОСТИ   *D*

D	ТРЕБОВАНИЯ К ЗДРАВООХРАНЕНИЮ	*F*
E	ЗАТРАТЫ НА ПЕРСОНАЛ	*Q*
F	ГЕРОИЧЕСКАЯ МЕДИЦИНА	*G*
G	ЖИЗНЬ ЛЮБОЙ ЦЕНОЙ	*O*
H	ПОЛИТИЧЕСКИЙ ФУТБОЛ	*R*
I	СТРАХОВКА ОТ ВРАЧЕБНЫХ ОШИБОК	*T*
J	ЛЮДИ ЖИВУТ ДОЛЬШЕ	*K*
K	ХРОНИЧЕСКИЕ БОЛЬНЫЕ	*G*
L	КОММЕРЧЕСКАЯ ЦЕНА НА ЛЕКАРСТВА	*Q*
M	ОСОЗНАНИЕ ЦЕННОСТИ ЗДОРОВЬЯ	*C*
N	НЕТ МЕСТА ДОМА	*D*
O	ВЫСОКАЯ СТОИМОСТЬ ПОСЛЕДНЕГО МЕСЯЦА ЖИЗНИ	*F*
P	ЗАТРАТЫ НА ТЕСТЫ	*B*
Q	ЭКОНОМИЧЕСКИЕ СДЕРЖИВАЮЩИЕ МЕХАНИЗМЫ ОТСУТСТВУЮТ	*G*

R   НЕТ ПРЕПЯТСТВУЮЩЕГО МЕХАНИЗМА   *H*

S   РОДСТВЕННИКИ ОСОЗНАЮТ СВОЙ ДОЛГ   *G*

T   ЗАРПЛАТА ВРАЧЕЙ   *E*

Существует множество иных факторов, которые могли бы быть включены в данный список. Кроме того, часть элементов списка могла быть сформулирована иначе. Чтобы поупражняться, попробуйте составить собственный базовый список на заданную тему.

ПОТОКОГРАММА

Окончательная потокограмма приведена на рис. 51. Особого внимания заслуживает факт наличия двух петель: большой и малой.

Петля H-R

Данная отдельно расположенная петля попросту означает, что механизм, который препятствовал бы росту затрат, отсутствует, а также то, что имеет место политический футбол. Никто из политиков не посмеет предложить снизить объем услуг в сфере здравоохранения, особенно государственного, поскольку это означало бы немедленную потерю голосов. Речь может идти только о снижении затрат в частном здравоохранении, однако любая попытка урезать госдотации будет опротестована. Несмотря на то что петля кажется небольшой, в конце концов она, быть может, самая важная.

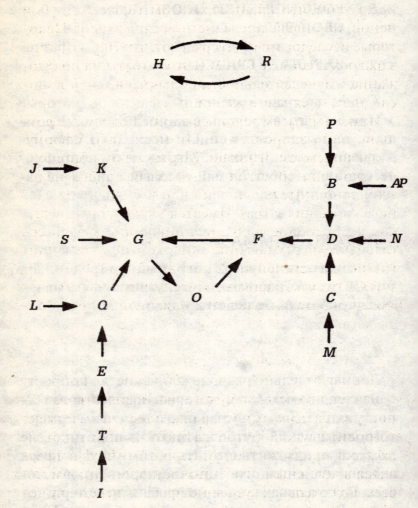

Рис. 51

Петля F-G-O

Петля включает понятие «героическая медицина», идею о том, что жизнь должна быть спасена любой ценой, и понятие последнего месяца жизни. Некоторые исследователи утверждают, что 70% затрат на здравоохранение в США — это затраты на поддержание жизнедеятельности больного в течение последнего месяца его жизни.

Итак, мы имеем героическую медицину, где есть шанс на выздоровление или несколько месяцев более приемлемой жизни. Мы также имеем героическую медицину, стремящуюся обеспечить человеку дополнительный день или час жизни за счет неважно каких затрат. Имеется также и такая вещь, как неспособность родственников или врачей согласиться на отключение аппаратов искусственного жизнеобеспечения.

В США, как, впрочем, и в других странах, эти вопросы сопряжены с серьезнейшими правовыми последствиями.

Точка D

Это мощная точка стока. Она касается требований, предъявляемых к здравоохранению. По мере того как наука добивается все больших успехов, растут и ожидания людей. Если что-нибудь становится возможным, пусть это станет доступным для всех. Если человеку успешно провели пересадку печени — таких пересадок надо делать больше. Если разработали специальные тесты — надо больше применять их в диагностике. От врачей не ждут ошибок, поэтому на них подают в суд, если ошибка или нечто подобное имеет место. Это ведет к развитию страхования от врачебных ошибок (в США). Спрос на медицину, спасающую людей в безнадежном положении, скорее всего, будет повышаться.

Точка O

Это еще одна точка стока, значение которой — ЭКОНОМИЧЕСКИЕ СДЕРЖИВАЮЩИЕ МЕХАНИЗМЫ ОТСУТСТВУЮТ. Цена сама по себе не является сдерживающим фактором, поскольку родственники считают своим долгом заплатить любую цену, какой бы высокой она ни была. Общие же затраты правительства тоже не являются сдерживающим фактором, поскольку, если вы или ваш ребенок заболели, в общей сумме затрат на здравоохранение расходы на вас просто теряются.

Фактор вины и долга S важен, поскольку ведет к точке G — ЖИЗНЬ ЛЮБОЙ ЦЕНОЙ. Если бы в обществе принимали смерть как должное и в связи с этим аспект вины не стоял бы так остро, тогда наша потокограмма выглядела бы несколько по-другому.

Если бы мы предложили концепцию РАЦИОНАЛЬНОЙ МЕДИЦИНЫ (X), тогда потокограмма изменилась бы только в одной своей (относящейся к делу) части, как показано на рис. 52. Видно, что петля F-G-O теперь разорвана, но возникла новая петля — S-X. Родственники по-прежнему испытывают чувство долга перед больным, однако теперь его можно реализовать, не ощущая вины, благодаря новой концепции РАЦИОНАЛЬНОЙ МЕДИЦИНЫ.

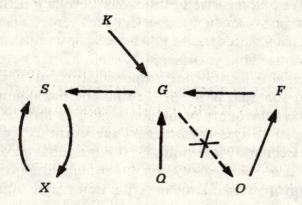

Рис. 52

Введение новой концепции является примером вмешательства, которое иногда необходимо предпринять, с тем чтобы изменить характер движения внутри потокограммы. Вмешательства такого рода будут подробно рассмотрены в последующих главах.

СЛОЖНОСТЬ

Не существует принципиальной разницы между простой потокограммой (из десяти элементов) и более сложной (состоящей из двадцати и более элементов). Механика остается прежней. Единственное преимущество списка большего размера состоит в том, что вы принимаете во внимание большее количество идей, вопросов и т. п., когда ситуация сама по себе является сложной. В конце концов вы получите стабильные петли, точки стока и питающие каналы — как и прежде. Скорее всего, большой список распадется на две или более формации, организованные вокруг отдельных стабильных петель.

Всегда есть возможность провести анализ какой-либо проблемы, разделить ее на составляющие и построить потокограммы по каждой из них. Затем могут возникнуть трудности в сведении их в одно целое. Всегда лучше попытаться построить комплексную потокограмму, дающую общую картину. После этого можно добавлять к ней некие дополнительные потокограммы, построенные в ходе рассмотрения отдельных заслуживающих внимания элементов. Подобным образом можно держать в поле зрения общую структуру.

КОНЦЕПЦИИ

Юридические документы часто содержат пункты вроде такого: «Здание по адресу Бельмонт-роуд, 14, здание по адресу Корнуэлл-авеню, 41 и здание по адресу Дрейк-стрит, 12 составляют объекты собственности, далее именуемые Собственность». Таким образом, вместо того чтобы всякий раз перечислять различные здания, когда о них идет речь, достаточно просто употреблять слово «собственность».

Концепция представляет собой аналогичный «джентльменский» набор, который сводит воедино некоторое количество вещей, в результате чего на них можно ссылаться как на одно целое. В определенном смысле каждое слово представляет собой концепцию.

Например, можно говорить о концепции горы, на которую ссылается слово «гора». Есть концепция права, в состав которого входят такие вещи, как честная игра, моральные ценности и следование законодательным нормам. Очевидно, всегда легче разобраться, что входит в состав концепции, когда предмет имеет физическую природу и мы можем воспринять его посредством органов чувств, чем когда речь идет о вещах абстрактных. Многие дискуссии древнегреческих философов были посвящены тому, что должны включать в свой состав абстрактные концепции, такие как, например, концепция права.

Таким образом, имеются концепции, нашедшие свое воплощение в следующих словах: преступление, право, наказание, милосердие и т. д. Имеются также и «наборы вещей», которые не получили для себя словоопределения.

Речь может идти лишь о временном понятии (как в случае с юридическим документом выше) или о том, что наш язык слишком медленно создает и принимает новые слова. Можно условиться называть такие концепции «голыми», поскольку они похожи на новорожденного краба без прочного панциря — слова, определяющего его. Такие «голые» концепции приходится описывать с помощью фразы или комбинации слов.

Все списки потока сознания, приведенные в этой книге, содержат многообразие концепций. Это могут быть установившиеся концепции вроде СТОИМОСТЬ или СОЦИАЛЬНОЕ ПОЛОЖЕНИЕ. Есть также менее понятные по своему содержанию концепции вроде ПОМЕНЬШЕ ХЛОПОТ или ГЕРОИЧЕСКАЯ МЕДИЦИНА. Могут быть еще более сложные концепции, такие как ВЫСОКАЯ СТОИМОСТЬ ПОСЛЕДНЕГО МЕСЯЦА ЖИЗНИ. Последний пример располагается на границе между фактором и концепцией.

Как я уже отмечал, существует определенная опасность, если концепции, которые мы включаем в базовый список, являются слишком сложными по своей природе.

Например, если бы в потокограмму на тему выбора места отдыха мы вставили концепцию **ДОСТАВЛЯЮЩИЙ РАДОСТЬ**, то могли бы закончить тем, что всего лишь показали, что лучший отдых — это отдых, доставляющий радость. Это то же самое, что сказать: лучший отдых — это лучший отдых, который мы в состоянии выбрать. Аналогичное рассуждение применимо и к потокограмме на тему выбора карьеры. Если вставить в нее концепцию **НАИЛУЧШИМ ОБРАЗОМ МНЕ ПОДХОДИТ**, то в результате можно прийти к банальному выводу, что лучшая карьера — это карьера, наилучшим образом подходящая человеку. Поскольку это всего лишь тавтология, означенная концепция имеет малую практическую ценность.

Нам нужно, чтобы концепции в базовом списке были достаточно емкими, включающими в свой состав немало вещей, но вместе с тем не настолько широкими по смыслу, чтобы просто предлагать вопрос с готовым ответом: «Как мы могли бы решить эту проблему?» — «Соответствующим образом».

Кроме использования концепций для нужд базового списка, мы также можем брать концепции прямо из потокограммы в процессе ее рассмотрения. Любая крупная точка стока автоматически является полезной концепцией, которая точно (или не совсем) отражена в названии соответствующего элемента базового списка. Например, в потокограмме

«Выбор места отдыха» элемент ИНТЕРЕСЫ является важной точкой стока. Можно оставить его название как есть или переименовать.

Иногда концепцией может являться целая петля. Например, в потокограмме «Стоимость здравоохранения» стабильная петля F-G-O может быть охарактеризована как такая концепция: «необходимость предпринимать все усилия, чтобы поддерживать жизнь в пациенте любой ценой». Это не совсем одно и то же, что героическая медицина, но является частью последней. Концепция «здоровье является правом человека» возникает как комбинация предъявляемых требований, ожиданий и неспособности принять во внимание все экономические соображения.

Одна из главных выгод от анализа потокограмм заключается в том, что некоторые совокупности факторов могут иметь огромный творческо-познавательный потенциал. Речь идет о возможном озарении, внезапном проникновении в суть вещей. Вы можете попытаться придать таким удачным совокупностям элементов потокограммы статус концепций.

КОНЦЕПЦИИ, КАТЕГОРИИ И АРИСТОТЕЛЬ

В создании каменной логики особенно велика заслуга Аристотеля. Ключевым моментом в этом процессе стала идея категорий. Ее легко разъяснить. К примеру, рассмотрим категорию (или концепцию) «собака». Встретив какое-нибудь животное, мы можем сказать, относится оно к этой категории или нет. Если принадлежит, тогда мы можем сказать или подумать: «Это собака». Придя к такому выводу, мы в состоянии приписать данному животному все характеристики собаки. К примеру, для нас было бы естественным, если это животное лает или ведет себя в иных отношениях так же, как собака. Поскольку высказывания «Это собака» и «Это не собака» не могут быть верными одновременно, мы получаем принцип противоречия, являющийся основой логики.

Нет ничего плохого в концепциях и категориях как инструментах исследования. Проблема может возникнуть тогда, когда их используют для аргументации в споре. На языке водной логики выгоды от концепций и категорий показаны на рис. 53.

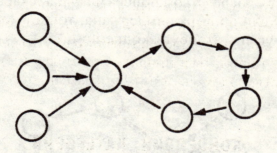

Рис. 53

Мы видим, как различные атрибуты питают концепцию, являющуюся точкой стока. Концепция затем порождает петлю, состоящую из всех постоянных характеристик, присущих ей. Легко увидеть, что вся конструкция — это либо домысливание, либо циклическая система. Если у животного есть все атрибуты собаки, тогда мы можем назвать его собакой, но, сделав этот вывод, мы на самом деле не откроем для себя ничего нового. Если животное имеет лишь некоторые атрибуты собаки, мы все равно можем назвать его собакой и приписать ему оставшиеся атрибуты. Речь идет о домысливании, поскольку мы предполагаем, что животное не может одновременно иметь некоторые характеристики собаки и не иметь других характеристик — как в случае с утконосом, у которого нос как у утки, но он покрыт мехом и ходит на четырех лапах.

На практике процесс более похож на тот, что представлен на рис. 54. Здесь намеки или улики дают пищу для гипотезы или догадки. Догадка затем проверяется посредством поиска ключевых характеристик. Если проверка выдержана, тогда в ход могут быть пущены атрибуты концепции.

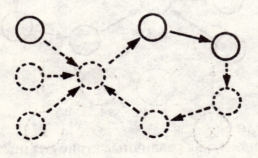

Рис. 54

ОБЪЕДИНЕНИЕ И РАЗДЕЛЕНИЕ

Сутью научного процесса всегда было сведение в единую концепцию вещей, которые могут казаться различными, а также разделение на две концепции вещей, кажущихся одинаковыми. На рис. 55 представлена часть потокограммы, в которой две точки стока соединены между собой посредством нового названия *N-1*. Ученый замечает некий важный фактор *X*. В одной из групп элементов имеется этот фактор, а в другой его нет. Потокограмма теперь разбивается на две, как показано на рис. 56, и это

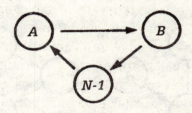

Рис. 55

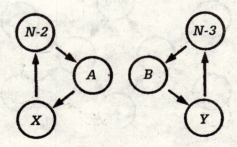

Рис. 56

разделение стабилизируется двумя новыми названиями — *N-2* и *N-3*.

Данный процесс — процесс растущей дифференциации — происходит постоянно. Именно так обнаруживают различные болезни, результатом чего является поиск наиболее эффективных методов лечения.

Тот же процесс может протекать и в обратную сторону. В Австралии очень много попугаев яркой окраски: лори, длиннохвостых и т. д. Среди них есть одна птица с красным оперением, а другая — с зе-

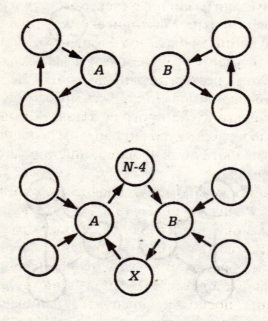

Рис. 57

леным. Долгое время полагали, что это два различных вида. Затем поняли, что это просто самец и самка одного и того же вида. Процесс объединения представлен на рис. 57. Две различные группы объединяются посредством общего фактора, а затем результирующая группа стабилизируется новым названием *N-4*, хотя вполне можно было бы сохранить одно из старых названий.

КОНЦЕПЦИИ И ГИБКОСТЬ

Известен классический эксперимент, в котором студентам дали различные электродетали и предложили собрать цепь электрического звонка. Оказалось, что длины провода чуть-чуть не хватает. Большинство студентов заявили, что задача неразрешима, и потому не довели дело до конца. Несколько студентов использовали стержень отвертки вместо недостающего куска провода. Итак, большинство студентов искали «кусок провода». Находчивые же студенты работали на уровне концепции и искали «кусок металла».

Способность работать на уровне концепции чрезвычайна важна в творчестве и для мышления в целом. Как показано на рис. 58, необходимо постоянно переходить от уровня деталей к уровню концепции и обратно. В результате мы переходим от одной идеи к другой. Это основа конструктивного мышления, поскольку иначе мы ограничены опытом и тем, что пребывает в поле нашего зрения в данный момент.

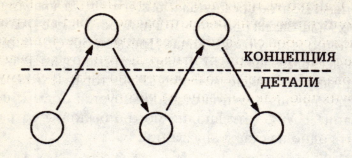

Рис. 58

Рис. 59 иллюстрирует процесс обучения. Можно научить кого-либо реагировать на ситуацию *A* способом *1*, на ситуацию *B* — способом *2* и на ситуацию *C* — способом *3*. Обучение прошло успешно, и теперь эти люди знают, как им поступать. Однако если однажды произойдет *A*, а способ реагирования *1* применить невозможно, тогда человек окажется в серьезном тупике.

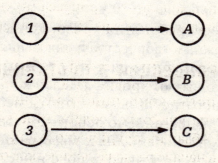

Рис. 59

Однако если людей обучать, используя некую концепцию-функцию, которая позволяет связывать между собой ситуацию и реакцию на нее, тогда этот человек посмотрит и найдет другой способ реагирования, который позволяет выполнить требуемую функцию, как показано на рис. 60.

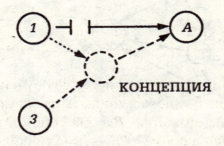

Рис. 60

По этой причине увеличение скорости обучения детей может являться ограничивающим фактором. Детей можно научить различным способам реагирования, но в ходе этого процесса можно упустить из виду развитие в мозге ребенка концепций.

ПРЕДКОНЦЕПЦИИ И ПОСТКОНЦЕПЦИИ

Большинство концепций подобны понятному описанию на упаковке, содержание которого мы уже знаем. Абзац из юридического документа, приведенный в начале раздела, дает четкое определение объектам собственности. Я называю это постконцепцией, поскольку она имеет место *после* события. Структура концепции как набора элементов представлена на рис. 61, где также видно, каким образом название стабилизирует концепцию.

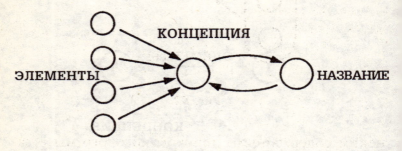

Рис. 61

Но иногда нам приходится подходить к делу с противоположного конца. Нам известно, какую функцию должна выполнять концепция, но мы не знаем, что она собой представляет. Любому писателю это знакомо: иногда приходится искать точное слово, чтобы описать сложный комплекс вещей. Инженер мог бы сказать: «На этом этапе нам нужно нечто, что может изменять форму и сможет принять ту форму, которую мы определим». Инженер знает свойства того, что ему нужно.

Ответом мог бы быть тип «помнящих» металлов, которые возвращаются к прежней форме при определенной температуре. Такие металлы в настоящее время уже используются. Процесс проиллюстрирован на рис. 62. Предконцепцию можно уподобить пустому контейнеру, который мы хотим наполнить

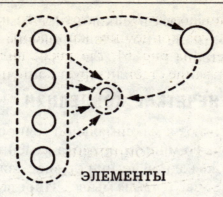

Рис. 62

неким содержанием, поиском которого мы и заняты.

В случае с постконцепцией мы находим требуемые характеристики и называем эту совокупность концепцией. Имея дело с предконцепцией, мы сводим вместе характеристики и затем смотрим, как они удовлетворяют существующие потребности. Это важная часть процесса решения задач/проблем. Предконцепция несколько напоминает гипотезу, поскольку позволяет нам двигаться вперед.

Иногда я разделяю вопросы на три типа. Задавая «огнестрельные» вопросы, мы знаем, куда целимся, и ответом будет «да» или «нет». Это вопрос с однозначным ответом. В случае «выживающего» вопроса мы надеваем наживку на крючок и ждем, что из этого выйдет. Это подобно поиску информации, о которой нам известно немного. В случае же вопроса-«ловушки» мы готовим ловушку, способную «поймать» то, что нам нужно. То же самое происходит в случае с предконцепцией: мы определяем потребности, а затем ищем способ, чтобы их удовлетворить.

НЕЧЕТКИЕ КОНЦЕПЦИИ

Нас призывают к максимальной точности мышления. Такова во многом природа каменной логики. В случае же водной логики главное движение — куда принесет нас течение мысли. Иногда нечеткая концепция приносит на деле больше пользы, чем точная. Нечеткая концепция может являться лучшей точкой стока и потому предоставлять больше возможностей. Какое из следующих утверждений лучше: «Мне нужна спичка, чтобы разжечь костер» или «Мне нужно *каким-нибудь образом* разжечь костер»?

В первом случае мы стремимся найти конкретно спичку, и если нам не удастся найти таковую, мы в тупике. Во втором случае наши возможности гораздо шире. Можно воспользоваться зажигалкой, сходить в дом и зажечь что-либо от газовой плиты или, в конце концов, высечь огонь и т. д.

В одной из своих книг («Практическое мышление» [«Practical Thinking»]) я писал о «размытых словах» и значении нечетких концепций. Точная концепция способна точно определить ситуацию, в которой мы находимся. Нечеткая концепция позволяет нам двигаться вперед. Напомню, что все это имеет отношение к нечеткой логике, в настоящее время получившей широкое распространение в компьютерном мире.

Точность часто привязывает нас к прошлому, к категории того, что «есть», и того, что было. Нечеткие же концепции открывают для нас будущее, обеспечивают движение вперед и предоставляют новые возможности. Нечеткая концепция — это вовсе не результат недобросовестного мышления. Нечеткая концепция по-своему вещь вполне определенная и точная.

РЕШЕНИЕ ОТ ОБРАТНОГО И ВЕЕР КОНЦЕПЦИЙ

Одним из способов решения задач является решение от обратного. Это не так просто сделать, если мы в точности не знаем решения задачи. Желая достигнуть точки P, можно двигаться от этой точки в обратном направлении, но если вы не уверены, где находится точка P, тогда это не так-то легко.

Однако существует способ решения от обратного — это веер концепций. Суть подхода подробно описывается в книге «Серьезное творчество» («Serious Creativity»), но я возвращаюсь к нему также и здесь, потому что он имеет прямое отношение к водной логике.

Предположим, цель нашего мыслительного процесса состоит в том, чтобы решить проблему, определяемую как «транспортные заторы в городах». От этой цели можно начать наше мыслительное движение в обратную сторону. Какие концепции общего свойства могли бы помочь нам решить означенную проблему? Можно было бы снизить транспортную нагрузку в городах. Можно было бы улучшить пропускную способность дорожной сети. Можно было бы увеличить площадь дорожного покрытия. Все это концепции общего характера — их может быть гораздо больше.

Как нам наполнить содержанием эти общие концепции? Это полностью соответствует тому, как точка стока на потокограмме получает информацию от элементов, перетекающих в нее. Как можно было бы снизить транспортную нагрузку? Например, путем эксплуатации автомобилей, способных перевозить большее количество пассажиров. Или путем введения ограничений на въезд в черту города. Опять-таки могут быть и другие концепции, наполняющие содержанием общую концепцию снижения транспортной нагрузки. То же можно проделать и в отношении других общих концепций.

Следующим шагом будет наполнение означенных — более мелких — концепций содержанием. На практике это значит перевести концепции в практическую плоскость действий. Например, как нам привлечь в города более вместительные автомобили? Путем развития парка общественного транспорта, поощрения практики, когда люди совместно используют свои автомобили, предоставления привилегированных полос автомобилям с несколькими пассажирами, введения ограничений на парковку в центре города.

Проделаем то же самое для каждой концепции. Как можно ограничить приток автомобилей в город? Путем введения специальной платы за въезд до десяти часов утра (как в Сингапуре), сведения к минимуму мест для парковки в центре и жестких мер наказания в отношении нарушителей правил парковки, публикации данных об уровне загрязнения атмосферы в городах и данных об объемах автомобильного движения.

Процесс схематически изображен на рис. 63. Слева мы получаем некоторое количество практических идей, наполняющих концепции, которые, в свою очередь, наполняют содержанием концепции более общего свойства — и все это в итоге помогает решить задачу.

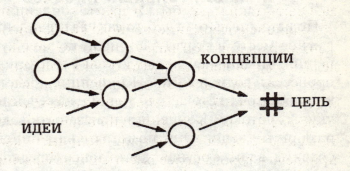

Рис. 63

Интересно отметить, что поиск осуществляется в обратном направлении — от цели (двигаясь справа налево), но сам процесс достижения цели осуществляется слева направо, как положено.

Данный процесс может быть очень плодотворным, особенно если у вас хорошо получается придумывать дельные концепции. В любом случае практика не помешает. Веер концепций — это не анализ ситуации, а потокограмма сложной структуры.

Вы можете прийти к предконцепции или найти решение, которое, однако, практически неосуществимо. Например, можно предложить ограничивать въезд в города путем «нанесения физического ущерба автомобилям». Можно ли найти способ осуществить это так, чтобы это было одновременно эффективно и приемлемо? Скорее всего, нет.

КОНЦЕПЦИИ И МЫСЛИТЕЛЬНЫЙ ПРОЦЕСС

Подытоживая, отмечу, что данная глава занимает важное место в структуре книги, поскольку концепции играют значительную роль в мыслительном процессе и водной логике. Концепции представляют собой точки стока, или точки пересечения различных потоков. Концепции призваны объединять различные вещи. Они помогают нам описывать объекты, а также осуществлять поиск (предконцепции). Чем лучше вы научились обращаться с концепцией, тем легче вам использовать водную логику. Вопрос всегда ставится так: «Куда нас это приведет?», а не так: «Что это собой представляет?».

ВМЕШАТЕЛЬСТВО

Анализируя потокограммы, я уже упоминал о возможности внесения в них корректировок. Например, в случае с потокограммой «Затраты на здравоохранение» я указывал, что включение концепции РАЦИОНАЛЬНАЯ МЕДИЦИНА внесло бы большие изменения в потокограмму, поскольку при этом разорвалась бы стабильная петля между элементами ГЕРОИЧЕСКАЯ МЕДИЦИНА, ЖИЗНЬ ЛЮБОЙ ЦЕНОЙ и ВЫСОКАЯ СТОИМОСТЬ ПОСЛЕДНЕГО МЕСЯЦА ЖИЗНИ.

Одно из назначений потокограммы состоит в том, чтобы взглянуть на наши восприятия и разобраться в них. Другое ее назначение — посмотреть, может ли потокограмма быть изменена, и если да, то как. Потокограмма дает нам нечто осязаемое, с чем можно работать. Как инженер дорожного строительства изучает местность на карте (картограмме), чтобы понять, где лучше строить дорогу, точно так же и мы изучаем потокограмму, чтобы понять, что с ней можно сделать.

Здесь мы приходим к интересному вопросу. Потокограмма представляет собой карту наших восприятий, нашего внутреннего мира. Она может соответствовать или не соответствовать ситуации во внешнем мире. Обычно соответствие имеет место в одном отношении, но не в другом. Когда мы ищем способ изменить потокограмму, что, собственно, мы пытаемся изменить — внутренний или внешний мир? Пытаемся ли мы улучшить собственные восприятия или решить проблемы реального мира? Ответ состоит в том, что обычно речь идет о том и другом. Потокограмма позволяет нам увидеть, в каких моментах нам следовало бы, возможно, изменить свое восприятие внешнего мира. Если же наши восприятия вполне соответствуют положению вещей во внешнем мире, они могут оказаться подходящими подходами к решению реальной проблемы. Соответственно, если восприятия ложны, тогда построенные на их основе подходы, скорее всего, будут неадекватными.

Пример введения концепции РАЦИОНАЛЬНАЯ МЕДИЦИНА представляет интерес, поскольку «работает» в отношении как внутреннего, так и внешнего мира. Понятие «рациональная медицина» в наших головах и головах других людей, размышляющих над этим вопросом, способно изменить наше восприятие проблемы затрат на здравоохранение. Это что касается внутреннего мира.

Во внешнем же мире, если бы концепция рациональной медицины была должным образом популяризирована и получила развитие, это могло бы со временем привести к снижению стоимости здравоохранения, поскольку родственники больше не испытывали бы угрызений совести по поводу того, что не испробовали все возможное, чтобы спасти больного.

Чтобы рассмотреть некоторые аспекты вмешательства в потокограмму, рассмотрим новый пример.

ТЕМА

Преступность среди несовершеннолетних.

СПИСОК

A   ДУРНЫЕ КОМПАНИИ   *G*

B   ВЛИЯНИЕ ТВ-КУЛЬТУРЫ   *J*

C   СКУКА   *O*

D   ВЛИЯНИЕ ПОТРЕБИТЕЛЬСКОГО ОБЩЕСТВА   *J*

E   НЕСПОСОБНОСТЬ ЗАРАБАТЫВАТЬ   *D*

F   НЕДОСТАТОК УМЕНИЙ   *E*

G   ВЛИЯНИЕ СВЕРСТНИКОВ   *J*

H   СТРЕМЛЕНИЕ К ИНТЕРЕСНОЙ ЖИЗНИ   *O*

I   НАРКОТИКИ   *E*

J	ОТСУТСТВИЕ ТОРМОЗОВ	*H*
K	ОТСУТСТВИЕ СТРАХА	*J*
L	ПОТРЕБНОСТИ РОДИТЕЛЕЙ	*D*
M	НЕЧЕГО ТЕРЯТЬ	*J*
N	ДУРНОЕ ОКРУЖЕНИЕ	*P*
O	ПРИКЛЮЧЕНИЕ	*J*
P	ИСКЛЮЧЕНИЕ ИЗ ШКОЛЫ	*E*
Q	НИЗКИЙ УРОВЕНЬ ПРЕДЪЯВЛЯЕМЫХ К СЕБЕ ТРЕБОВАНИЙ	*E*
R	ПРИМЕРЫ ДЛЯ ПОДРАЖАНИЯ	*J*
S	МЯГКОЕ НАКАЗАНИЕ	*J*

ПОТОКОГРАММА

Готовая потокограмма приведена на рис. 64.

Точка J

Это крупная точка стока. Вывод, который можно сделать в связи с точкой *J*, состоит в том, что «отсутствие тормозов» является важнейшим фак-

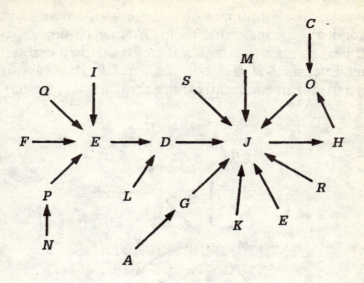

Рис. 64

тором. Большинство людей считают преступность чем-то исключительным, поскольку тормозами для них являются воспитание, мнение окружающих, страх перед наказанием. Но существуют группы людей, для которых преступление — это не исключение, а «культура». Это заставляет нас взглянуть на вопрос с несколько иной точки зрения.

Если преступление является предметом культуры, тогда бороться с ней необходимо «оружием культуры». Речь идет о примерах для подражания, героях, служащих образцом, местных ценностях и т. д. В связи с этим можно попытаться создать или усилить связь между *J* и *R*. Подход, который мы изберем, состоит в том, чтобы обеспечить переход от недостатка «тормозов» к поведению, в основе которого — подражание положительным примерам. В результате этого нам удастся заменить стабильную петлю *J-H-O* новой петлёй *J-R*. Измененный фрагмент потокограммы представлен на рис. 65.

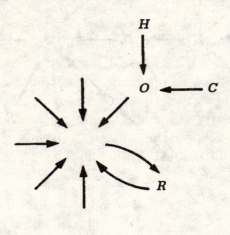

Рис. 65

Это пример вмешательства. В результате изменению подверглись и наше восприятие ситуации (внутренний мир), и возможный подход, который мы могли бы использовать (внешний мир).

Петля J-H-O

Данная стабильная петля целиком опирается на потребность в интересной жизни и приключениях. На это оказывает свое влияние культура, насаждаемая с телеэкранов, причем двумя путями: в первом случае речь идет о телевизионных героях, ищущих приключений; второй путь связан той ролью, которую телевидение играет в деле пассивного стимулирования телезрителей и возникающей в связи с этим потребностью ко все большему стимулированию.

Потребность в интересной жизни и приключениях можно направить в иное русло. Например, программа «Westrek» в Австралии вовлекает трудных подростков в интересные проекты (в том числе строительные), реализуемые в загородной местности. В мире существует множество аналогичных программ. Подобные предприятия можно обозначить буквой *X*. Теперь элемент *X* становится частью петли, как показано на рис. 66.

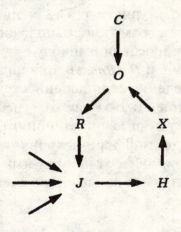

Рис. 66

Петля осталась прежней, но теперь интересной жизни можно искать не в противозаконной деятельности, а в полезных для общества проектах. Проблематичным, конечно, остается вопрос финансирования таких проектов в объемах, достаточных для того, чтобы они имели значимый вес в общественной жизни.

Это пример вмешательства путем введения нового элемента.

Точка D

Это крупная точка стока, отражающая влияние потребительского общества (стереосистемы, фирменные кроссовки, ультрамодная одежда). Основным питающим элементом для D является E — точка стока, представляющая неспособность подростков зарабатывать на жизнь самостоятельно. В местах, где туристический бизнес предоставляет подросткам возможность подработать в сфере услуг, процент бросающих школу возрастает.

Связь между E и D можно блокировать или ослабить путем введения специальной схемы: подросткам платят стипендию за успехи в учебе и стремление к высшему образованию, при этом возможно использование дифференцированной системы оплаты в зависимости от полученных отметок.

Это другой пример возможного вмешательства.

Точка E

В данную точку стока вливаются факторы, которые уменьшают шансы подростков зарабатывать себе на жизнь. Речь в первую очередь идет о подростках, бросивших школу. Одним из таких факторов является НИЗКИЙ УРОВЕНЬ ПРЕДЪЯВЛЯЕМЫХ К СЕБЕ ТРЕБОВАНИЙ, значащийся под буквой *Q*.

Широко известно, что бедность — это феномен психологический, а не только экономический. Если ВЛИЯНИЕ СВЕРСТНИКОВ *(G)* могло бы быть использовано для того, чтобы повышать ожидания, и если бы ВЛИЯНИЕ ПОТРЕБИТЕЛЬСКОГО ОБЩЕСТВА *(D)* могло бы быть увязано с элементом ВЛИЯНИЕ СВЕРСТНИКОВ, тогда получилась бы новая петля *Q-E-D-G*.

Как показано на рис. 67а, один из возможных способов добиться этого — организовать группы подростков вокруг талантливых индивидуумов, которые помогали бы членам группы добиваться успеха и получали бы возможность участвовать в общей работе.

На данном этапе потокограмму можно разделить на две части: культурную петлю и экономическую петлю.

Рассмотрим еще одну потокограмму, чтобы привести другие примеры вмешательства.

ТЕМА

Имеется старая церковь, стоящая в месте, где должна пройти крупная автомагистраль. Церковь является исторической ценностью, и имеются люди, которые изо всех сил пытаются ее сохранить. Дорога же необходима для района, где уровень занятости невысок и есть потребность развивать инфраструктуру, с тем чтобы привлечь сюда бизнес.

СПИСОК

A ЦЕРКОВЬ НЕВОЗМОЖНО БУДЕТ ВОССТАНОВИТЬ *B*

B ЦЕРКОВЬ ЯВЛЯЕТСЯ ЧАСТЬЮ ИСТОРИЧЕСКОГО НАСЛЕДИЯ *J*

C ДОРОГА ИМЕЕТ БОЛЬШОЕ ЗНАЧЕНИЕ *D*

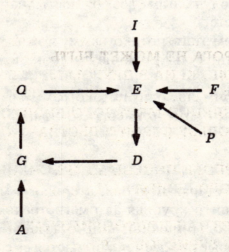

ЭКОНОМИЧЕСКАЯ ПЕТЛЯ

Рис. 67а

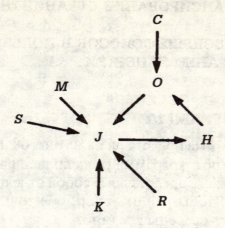

КУЛЬТУРНАЯ ПЕТЛЯ

Рис. 67б

D   ДОРОГА НЕ МОЖЕТ БЫТЬ ПРОЛОЖЕНА В ДРУГОМ МЕСТЕ   E

E   ДАВЛЕНИЕ МЕСТНОГО БИЗНЕСА В ПОЛЬЗУ СТРОИТЕЛЬСТВА   C

F   ЦЕРКОВЬ ПОСЕЩАЕТ НЕ ОЧЕНЬ МНОГО ЛЮДЕЙ   C

G   МЕСТНАЯ ДОСТОПРИМЕЧАТЕЛЬНОСТЬ ДЛЯ ТУРИСТОВ   B

H   ДОРОГА УЛУЧШИТ ПОЛОЖЕНИЕ С ЗАНЯТОСТЬЮ   E

I   **ФИНАНСИРОВАНИЕ ОГРАНИЧЕНО**   *D*

J   **ВСЕ БОЛЬШЕ ГОЛОСОВ В ПОЛЬЗУ СОХРАНЕНИЯ ЦЕРКВИ**   *A*

ПОТОКОГРАММА

Потокограмма представлена на рис. 68. Неудивительно, что потокограмма разделилась на две части. Каждая часть представляет собой отдельную точку зрения. Чтобы решить спор, обе точки зрения должны быть сведены воедино.

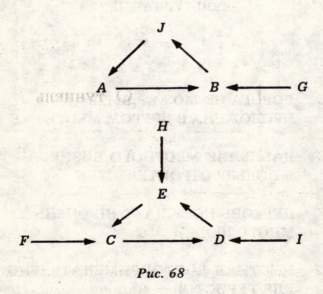

Рис. 68

В водной логике нет противоречий, поэтому можно предположить существование новой концепции (являющейся примером классической предконцепции), в которой дорога оказывается проложенной там, где ей положено быть, и в то же самое время церковь остается нетронутой. В традиционной логике такое было бы невозможно, поскольку эти два варианта явно противоречат друг другу.

На рис. 69 концепция отображена графически. Две отдельные точки зрения теперь объединены в одно целое. Но в чем же суть концепции? Мы оставляем церковь там, где она стоит, и просто строим туннель, который проходит под церковью. Однако финансы ограничены. В связи с этим вводится пошлина за пользование дорогой, пока все взятые кредиты не будут возвращены.

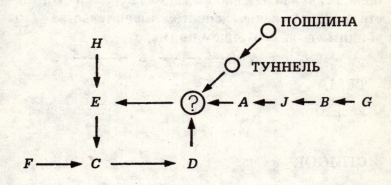

Рис. 69

Здесь мы наблюдаем более сложный тип вмешательства. Используется провокация с целью отследить ее воздействие на потокограмму. Затем мы ищем возможность перевести эту провокацию, невероятный исход или предконцепцию в реальную плоскость. Провокация здесь имеет такое значение: в некотором утверждении, возможно, нет смысла, но лишь до тех пор, пока оно не озвучено. Итак, эффект провокации испытывается на потокограмме, и если окажется, что эффект имеет ценность, предпринимается попытка перевести провокацию в практическую плоскость.

К той же проблеме можно было подойти иначе. Исходным условием было ограниченное количество финансовых средств. Представим себе перемену в контексте: фондов теперь сколько угодно. Это могло бы привести нас к идее транспортировки церкви (в зависимости от того, насколько она велика) в другое место или же к прежней идее туннеля. Реальная или воображаемая перемена контекста является важным аспектом вмешательства — мы увидим это в следующем примере.

ТЕМА

Расизм.

СПИСОК

A **ВЛИЯНИЕ РОДИТЕЛЕЙ**   *O*

B **ШКОЛА** *F*

C **ПРОЗВИЩА** *S*

D **ОБВИНЕНИЕ ВО ВСЕХ ГРЕХАХ** *L*

E	ПОТРЕБНОСТЬ НЕНАВИДЕТЬ	D
F	ПОТРЕБНОСТЬ РАЗЛИЧАТЬ «НАС» И «ИХ»	E
G	ВСЕ НЕГАТИВНОЕ ПРЕУВЕЛИЧИВАЕТСЯ	S
H	ПРОВОКАЦИИ	E
I	СЛУХИ И СПЛЕТНИ	G
J	ПРЕДМЕТ ДЛЯ ОБСУЖДЕНИЯ	I
K	ВЗАИМНАЯ ПОДДЕРЖКА МЕЖДУ ПОЛАМИ	E
L	ЧУВСТВО СТРАХА	E
M	ЧУВСТВО ПРЕВОСХОДСТВА	F
N	ТРАДИЦИЯ	O
O	СТАЛО ЧАСТЬЮ ЯЗЫКА/КУЛЬТУРЫ	F
P	ПРИЧИНЫ ДЛЯ НЕСПРАВЕДЛИВОСТИ И ДУРНОГО ОТНОШЕНИЯ	D
Q	РАЗЛИЧИЯ В ЦЕННОСТЯХ И ПОВЕДЕНИИ	F

| *R* | ЛИДЕРЫ УСУГУБЛЯЮТ СИТУАЦИЮ | *F* |

| *S* | САМОРЕАЛИЗУЮЩЕЕСЯ ВОСПРИЯТИЕ | *J* |

| *T* | ЧУВСТВО РАЗНИЦЫ | *S* |

Взаимная поддержка между полами означает, что мужчины поощряют действия женщин, а женщины — мужчин.

ПОТОКОГРАММА

Потокограмма представлена на рис. 70. Она разделилась на две части.

Петля G-S

Разум видит то, что он готов увидеть. В процессе САМОРЕАЛИЗУЮЩЕГОСЯ ВОСПРИЯТИЯ (*S*) ВСЕ НЕГАТИВНОЕ ПРЕУВЕЛИЧИВАЕТСЯ и замечается (*G*). Это основной стабилизирующий фактор, в который перетекают СЛУХИ И СПЛЕТНИ, ПРОЗВИЩА и базовое ЧУВСТВО РАЗНИЦЫ.

Петля E-D-L

Здесь мы имеем ПОТРЕБНОСТЬ НЕНАВИДЕТЬ, ОБВИНЕНИЕ ВО ВСЕХ ГРЕХАХ кого-нибудь и ЧУВСТВО СТРАХА. Предыдущая петля относилась к области восприятия, а вторая — к сфере эмоций.

Вмешательство

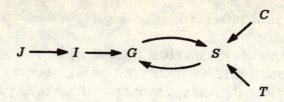

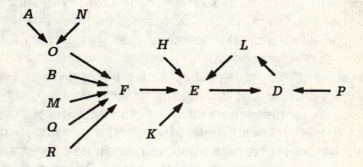

Рис. 70

Точка F

Это крупная точка стока, в которую вливаются пять элементов и два опосредовано. К ним относятся ТРАДИЦИЯ, культура, влияние на молодых и влияние лидеров. Так что это настоящая точка «культуры» (культуры в широком смысле).

Точка O

Это менее значимая, чем предыдущая, точка стока, означающая, что расизм пустил корни в бытовую сферу; в связи с этим то, как мы говорим, думаем или смотрим на мир, возводит расизм в ранг нормы.

Мы могли бы вмешаться в потокограмму в точке G, отказавшись от практики делать акцент на имевших место фактах. Были времена, когда газеты непременно указывали на этническую принадлежность преступника. Ответственные издания прекратили эту практику, поскольку такие действия способны вызвать рост нежелательных настроений и придать делу расистский оттенок даже там, где его вовсе нет. Мы очень разборчивы в восприятиях, но нам нужно нечто, что подпитывает их. Соответственно, самореализующаяся петля на данном этапе может быть ослаблена. Мне могут возразить, что в условиях отсутствия новостей слухи или сплетни приведут к еще худшим настроениям. Это, возможно, верно в отношении крупных событий, но не повседневной жизни.

Мы могли бы вмешаться в точке F, ослабив привычку РАЗЛИЧАТЬ «ИХ» И «НАС» посредством проведения соответствующей разъяснительной работы в школах и межэтнических коллективах. Соответствующий прогресс, наблюдаемый в США, лишь шаг в этом направлении. Негативное влияние лидеров, использующих этническое разделение электората, возможно, нуждается в кардинальном изменении — например, путем введения принципа, согласно которому человека избирают лишь при условии поддержки со стороны самого широкого круга избирателей.

Общий контекст, представленный здесь, свидетельствует о плохом экономическом положении, чувстве страха и неуверенности. Попробуем для провокации изменить общий контекст, привнеся в него новый элемент — уверенных в себе людей. Речь идет об уверенности в себе у обеих сторон. Пробежимся по списку вновь, помня об изменившемся контексте и меняя, где требуется, буквы с правой стороны.

СПИСОК С НОВЫМ КОНТЕКСТОМ

A ВЛИЯНИЕ РОДИТЕЛЕЙ   *Q*

B ШКОЛА   *J*

C ПРОЗВИЩА   *H*

D ОБВИНЕНИЕ ВО ВСЕХ ГРЕХАХ   *M*

E ПОТРЕБНОСТЬ НЕНАВИДЕТЬ   *M*

F ПОТРЕБНОСТЬ РАЗЛИЧАТЬ «НАС» И «ИХ»   *J*

G ВСЕ НЕГАТИВНОЕ ПРЕУВЕЛИЧИВАЕТСЯ   *N*

H ПРОВОКАЦИИ   *N*

I СЛУХИ И СПЛЕТНИ   *K*

J ПРЕДМЕТ ДЛЯ ОБСУЖДЕНИЯ   *C*

K	ВЗАИМНАЯ ПОДДЕРЖКА МЕЖДУ ПОЛАМИ	*C*
L	ЧУВСТВО СТРАХА	*R*
M	ЧУВСТВО ПРЕВОСХОДСТВА	*C*
N	ТРАДИЦИЯ	*P*
O	СТАЛО ЧАСТЬЮ ЯЗЫКА/КУЛЬТУРЫ	*N*
P	ПРИЧИНЫ ДЛЯ НЕСПРАВЕДЛИВОСТИ И ДУРНОГО ОТНОШЕНИЯ	*N*
Q	РАЗЛИЧИЯ В ЦЕННОСТЯХ И ПОВЕДЕНИИ	*F*
R	ЛИДЕРЫ УСУГУБЛЯЮТ СИТУАЦИЮ	*D*
S	САМОРЕАЛИЗУЮЩЕЕСЯ ВОСПРИЯТИЕ	*R*
T	ЧУВСТВО РАЗНИЦЫ	*C*

ПОТОКОГРАММА

Новая потокограмма изображена на рис. 71.

Существенная разница заметна сразу же: теперь имеет место одна структура вместо прежних двух.

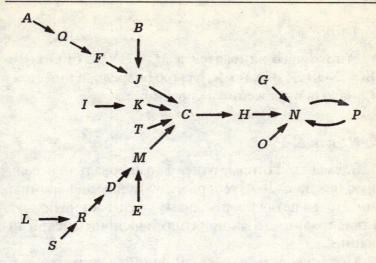

Рис. 71

Точка C

Раньше она была несущественным элементом, а теперь это крупная точка стока, в которую вливается большинство элементов. Речь идет о том, что эмоциональная окраска исчезла, и различие отмечается лишь вербально — через прозвища. Разницу все еще воспринимают, но уже в зависимости от точки зрения.

Точка J

Еще одна точка стока, но не имеющая особого значения. То, что раньше втекало в точку *F* — ПОТРЕБНОСТЬ РАЗЛИЧАТЬ «ИХ» И «НАС», — теперь просто вопросы для обсуждения.

Точка M

Много чего вливается в *M* — ЧУВСТВО ПРЕВОСХОДСТВА, но *M*, в свою очередь, вливается в *C*, находя выражение в прозвищах.

Петля N-P

Элементы, которые ранее формировали центральную петлю *E-D-L*, теперь являются периферийными. Новая петля по-прежнему указывает на присутствие традиции в восприятиях и наличие дискриминации.

Можно видеть, что изменившийся контекст привел к значительным переменам. Расизм все еще присутствует, но уже в форме прохладного восприятия, а не эмоционального переживания.

Разумеется, это ни в коем случае не объясняет, как с изменением контекста меняется потокограмма. Приведенный пример просто доказывает, что изменение контекста может привести к тому, что потокограмма сильно изменится. О таком важном вопросе, как изменение контекста, речь пойдет в следующей главе.

Один вопрос заслуживает особого внимания: в приведенном примере я оставил список потока сознания (или базовый список) таким же, как и до изменения контекста. Я сделал это для того, чтобы показать влияние измененного контекста на «узоры» потоков внутри потокограммы.

На практике лучше составлять новый базовый список, в котором могут оказаться новые элементы, поскольку выбор элементов всегда определяется контекстом.

Во многих случаях вы можете решить поменять контекст лишь в отношении конкретной точки на потокограмме. Например, глядя на потокограмму на рис. 71, вы могли бы задаться вопросом: «В каком контексте P перетекало бы в C, а не в N?» Можно сказать, что таким контекстом могла бы послужить ситуация, когда лидеры вовлеченных групп наконец решили бы между собой, что настало время прекратить взваливать вину на плечи и приписывать недолжное поведение другой нации/расе. Новая стабильная петля C-H-N-P принесла бы гораздо больше пользы, чем существующая, поскольку подразумевала бы, что чувство несправедливости не базируется на реальных делах, а является, скорее, данью традиции.

ДЕЙСТВИЕ

Подходы к решению задач и другие действия могут быть получены из потокограммы, но потокограмма сама по себе имеет дело исключительно с восприятиями. Можно построить потокограмму на основе предпринимаемых или намеченных действий. Речь при этом идет о нашем восприятии этих действий. Как всегда, наше восприятие может соответствовать или не соответствовать реалиям внешнего мира.

Важно подчеркнуть, что потокограммы отражают внутренний мир восприятия. Они не являются описанием восприятия. Но если только мы не действуем под действием гипноза, повинуясь инстинкту или рефлексам, восприятие есть основа нашего поведения во внешнем мире. Именно по этой причине потокограмма может стать основой для выбора действий — отнюдь не просто описание ради описания.

Можно даже поспорить о том, что внутренняя реальность более важна, чем внешняя, поскольку первая определяет то, как мы воспринимаем внешний мир, как реагируем и действуем в отношении него.

Каменная логика всегда бежала от субъективности восприятия. Водная логика стремится изучать и использовать его.

КОНТЕКСТ, УСЛОВИЯ И ОБСТОЯТЕЛЬСТВА

В водной логике контекст играет очень большое значение. Я часто использую в качестве аналогии картограмму или речную долину, чтобы проиллюстрировать потоки, формирующиеся в самоорганизующейся информационной системе, которую мы называем мозгом. Данная аналогия дает хорошую картину, но страдает одним большим недостатком: картограмма построена раз и навсегда. Но в нашем мозге изменение контекста способно изменить текущую картограмму — как будто мы смотрим на новую, только что созданную.

В одном контексте или комплексе обстоятельств в нашем сознании состояние *A* сменится состоянием *B* (перетечет в состояние *B*). Однако если контекст изменится, тогда *A* перетечет в *C*. Изменение контекста может иметь химическую природу. Изменение структуры химических элементов в среде, омывающей нервные клетки, ведет к изменению чувствительности. Более подробно все это объясняется в книге «Я прав — ты нет» («I am Right — You are Wrong»). Весьма вероятно, что изменения в эмоциях нарушают биохимическое равновесие, в результате чего меняется узор мысленных потоков. Эмоции представляют собой существенную часть функции мозга, а вовсе не что-то там сентиментальное. Самоорганизующейся системе — мозгу — нужны эмоции, чтобы функционировать хорошо. На рис. 72 показан простой переход от *A* к *B*. Когда меняется контекст, имеет место переход от *A* к *C*.

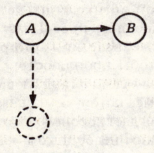

Рис. 72

Другие импульсы, поступающие в мозг в то же самое время, также приведут к изменению контекста, поскольку другие группы нервных окончаний будут при этом возбуждены полностью или частично (ниже порога чувствительности). Итак, когда группа возбужденных в данный момент нервных окончаний «утомляется», следует возбуждение другой группы окончаний.

По этой причине основная теорема водной логики звучит следующим образом: «При условиях X состояние A всегда переходит в состояние B».

Можно вернуться на короткое время к медузам. Предположим, что ночью они высвобождают свое острие и вонзают их в других медуз. В связи с этим возникают два порядка: дневной и ночной. Мозг действует подобным же образом, однако на гораздо более сложном уровне, поскольку существует слишком много возможных контекстов.

В споре люди с противоположными восприятиями очень часто бывают правы каждый по-своему. Каждое из противоположных восприятий основано на конкретном комплексе обстоятельств и контексте.

Варианты исхода могут быть самыми разнообразными.

Каждая сторона смотрит на различную сторону — часть — ситуации.

Каждая сторона смотрит на одну и ту же ситуацию, но с различной точки зрения (как те, кто смотрит на здание с разных сторон и под разными углами зрения).

Эмоциональный фон у каждой стороны различен.

Личные обстоятельства, образовательный уровень у каждой стороны различны.

Традиции и культурный уровень у каждой стороны различны.

Недавние обстоятельства изменили контекст для каждой стороны.

Каменная логика предпочитает игнорировать все это и предполагать, что абсолютная «истина» независима от существующего контекста.

Наука существует благодаря тому, что в любом эксперименте предполагается, что контекст остается неизменным, тогда как изменяется всего лишь один фактор (экспериментальная переменная).

У некоторых потокограмм, приведенных выше, я отмечал огромное значение контекста и в одном примере даже продемонстрировал перемены, происходящие под влиянием изменившегося контекста. В большинстве других примеров, однако, предполагалось, что контекст остается неизменным. Насколько корректен такой подход?

Метод потокограмм имеет дело с внутренним миром восприятий. Потокограмма не является снимком, отражающим внешний мир. В момент создания потокограммы человек, составляющий список потока сознания и определяющий, какие элементы куда будут перетекать, оперирует определенным контекстом в своем сознании в данный момент времени. Поэтому именно в этот момент времени контекст является постоянным.

Если человек желает намеренно изменить контекст, тогда ему следует строить новую потокограмму. В новый момент времени будет новая потокограмма, которая, вполне возможно, будет отличаться от прежней, потому что контекст теперь стал другим.

По этой причине мы не предусматриваем в потокограмме возможность, что состояние A переходит в состояние C при иных условиях. Это не просто внесло бы путаницу, но и было бы неверным, поскольку речь бы шла о возможном варианте восприятия, тогда как потокограмма имеет дело с реальными восприятиями, имеющими место в данный момент времени.

На стадии вмешательства всегда имеется возможность подумать, как могут измениться восприятия при условии изменения контекста. Теперь речь идет о вероятных исходах. Всегда лучше построить новую потокограмму (или часть таковой), чем пытаться показать изменения на существующей. Это вносит путаницу, поскольку всегда можно добавить новую стрелку, обозначающую переход от одного элемента к другому, но не так легко убрать уже нарисованную. Можно, конечно, использовать карандаши разных цветов, но гораздо лучше строить новую потокограмму для всякого нового контекста.

Как насчет условий со словом «если»? «Если бы он был богат, тогда случилось бы это... а если бы был беден, тогда случилось бы то...». «Если бы сейчас сияло солнышко, я занялся бы этим... а если бы было пасмурно, тогда я занялся бы этим...». Фотография показывает вам, что происходит в данный момент. Она не сообщает вам, каким был бы окружающий мир, если бы в данный момент выглянуло солнце, если бы человек на снимке был стройнее, если бы мальчик на снимке улыбнулся, если бы женщина на снимке была одета в зеленое платье и т. д. Аналогичным образом потокограмма является «снимком» восприятия в любой данный момент времени. Когда интересно выяснить, что произойдет при условии «если» или при изменении контекста, следует составить другую потокограмму для изменившегося контекста.

СОЗДАНИЕ КОНТЕКСТОВ

Довольно часто возникают особые контекстные условия: война, приступ ревности, солнечная на дворе погода или нет, богат человек или беден и т. д. Это все легко определяемые контексты. Чаще, однако, контекст не так легко определить, так как он состоит из многих различных факторов: опыта, предрассудков, культуры, средств массовой информации и т. д.

В начале книги я упомянул, что одним из качеств воды является то, что, добавляя к воде воду, мы получаем в результате воду — в отличие от ситуации, когда камень добавляют к камню. Таким образом, контекст может быть многослойным.

Мы просто добавляем новые обстоятельства к прежним. Обстоятельствам не нужно быть связанными между собой. Они могут даже противоречить друг другу. Мы просто добавляем новые. Постепенно возникает контекст. Поэзия и искусство в целом во многом зависят от комбинации настроения, восприятия и понимания объекта. Художнику даже не надо заботиться о том, чтобы элементы оказались логически взаимосвязанными, или делать умозаключения: соответствующее поэтическое настроение делает свое дело.

В ходе творческого процесса людям часто предлагают наполнить свой разум информацией и всяческими идеями об объекте изучения, а затем дать время информации «отстояться».

В книге «Я прав — ты нет» («I am Right — You are Wrong») я представляю процесс как многоуровневый. Речь идет о различных слоях, или пластах, которые никак не связаны между собой, кроме того что ведут речь о том же предмете и им случилось оказаться в одном и том же месте. Результат очень похож на белый стих или даже японское хайку*: не делается никаких выводов и нет намерения доказывать какую-либо точку зрения.

Все это разумное и оправданное поведение в самоорганизующейся системе. Элементы информации, поступающие в мозг, организуются самостоятельно, рождая результат, который можно было бы назвать интуицией.

А что еще более важно, так это то, что при этом мы выстраиваем контекст, в рамках которого осуществляется наше мышление.

Принимаясь за создание потокограммы, имеет смысл задавать контекст следующим образом: помещать друг на друга слои утверждений и соображений. Таким образом заведомо создается нужный контекст для требуемой потокограммы. Означенные слои станут затем и основой для списка потока сознания. Данный предварительный этап нужен для того, чтобы мозг мог привыкнуть к объекту изучения.

---

* Чувство-ощущение, запечатленное в небольшой словесной картинке-образе. — *Прим. перев.*

ТОЧНОСТЬ И ПОЛЕЗНОСТЬ

Если поток сознания и водная логика столь сильно зависят от контекста и если контекст является вещью весьма изменчивой, как тогда можно требовать от потокограммы какой-либо точности или практической ценности?

Наши поступки проистекают из наших восприятий, и при этом нам удается придумывать и выполнять разумные действия. Восприятия переменчивы, но одновременно достаточно стабильны, чтобы мы могли основывать на них наши действия и строить потокограммы. Если бы я попросил вас расположить числа 3, 5, 2, 4, 1, 6 от меньшего к большему, вы без труда расположили бы их так: 1, 2, 3, 4, 5, 6. Если бы я попросил вас расположить в порядке возрастания числа 2, 13, 8, 20, 3, 9, вы не сказали бы мне, что это невозможно по той причине, что не все числа присутствуют.

Вы тоже без особого труда расположили бы их следующим образом: 2, 3, 8, 9, 13, 20. Точно так же потокограмме не надо быть полной, чтобы иметь практическую ценность. Мы располагаем в нужном порядке то, что имеем, а затем смотрим, что из этого получается.

«Точность» — термин каменной логики. Является ли потокограмма точным отражением восприятий человека, составляющих ее? Если строить ее честно, ничего не утаивая от самого себя, тогда она будет являться образом восприятий этого человека, поскольку строится на основе восприятий. Если человек наносит на бумагу то, что он считает «правильными мыслями», то такой результат он и получит.

Ценность потокограммы заключается в том, что она позволяет нам взглянуть на наши восприятия. Мы можем соглашаться с ними или нет. В результате мы можем более глубоко заглянуть в суть вещей или ощутить себя хозяином ситуации. Или мы можем попробовать разобраться, как изменить наши восприятия. Когда мы смотрим на потокограмму, нам в голову могут прийти новые идеи или подходы, имеющие ценность для внешнего мира, но представленные на потокограмме, которая является отражением внутреннего мира. Все это имеет свою практическую ценность. Можем ли мы впасть в самообман? Ответ, безусловно, «да», поскольку мы очень хорошо научились делать это в повседневной жизни. Но у нас гораздо лучшие шансы обнаружить самообман с помощью потокограммы, чем без нее.

Потокограммы не являются инструментом доказательства, как в каменной логике. Их значение скорее иллюстративное и подсказывающее. Потокограмма предлагает рамки для осмысления чего-либо или гипотезу. Она предлагает практический способ, позволяющий работать над своими восприятиями.

Не стремитесь строить «правильные» потокограммы. Составьте список потока сознания и, отталкиваясь от него, двигайтесь вперед. Затем приступайте к осмыслению полученной потокограммы.

ПОТОКОГРАММЫ ДЛЯ ДРУГИХ ЛЮДЕЙ

Потокограммы предназначены в первую очередь лично для вас. Они являются инструментом водной логики и позволяют исследовать поток вашего восприятия. Когда потокограмма построена для ваших личных нужд, она способствует осмыслению ситуации, задает обстоятельственные рамки и помогает прийти к тем или иным умозаключениям в отношении конкретной проблемы. Когда потокограмму строят «для» или «за» кого-нибудь другого, она может служить лишь помощником в осмыслении предмета изучения. Бывает очень трудно как следует понять восприятия другого человека, даже если он искренне желает поделиться ими с вами.

Рассмотрим три ситуации, в которых речь идет о составлении потокограммы для другого человека.

1. На основе письменной, устной или иным образом изложенной информации.

2. На основе догадок.
3. По результатам дискуссии.

ПОТОКОГРАММА НА ОСНОВЕ ПИСЬМЕННОГО ИЛИ УСТНОГО МАТЕРИАЛА

Можно прослушать лекцию, прочесть заголовок в газете, статью и т. п., а затем попытаться составить потокограмму на основе этого. Важнейший вопрос при этом — является потокограмма отражением ваших восприятий или же восприятий автора, над материалом которого вы работаете. Оба варианта имеют право на жизнь. Имеет смысл сразу же для себя решить, о каком варианте в каждом случае идет речь. Кстати, они могут оказаться весьма близкими друг другу, если предмет излагается ясно и не является спорным по своей сути.

Проанализируем следующий отрывок, посвященный влиянию малого бизнеса на ситуацию на рынке труда: «Малый бизнес обладает значительным потенциалом в увеличении числа рабочих мест. Крупный бизнес сокращает штаты под влиянием необходимости увеличивать производительность, а также нередко замещает рабочих автоматами и другим высокопроизводительным оборудованием. Малый бизнес, штат которого состоит из трех человек, как часто бывает, потом увеличивается вдвое. Крупный бизнес никогда не увеличивает свой персонал вдвое. Малый бизнес стремится заполнить существующие ниши на рынке. Если есть люди, готовые платить, всегда будет потребность во все новых и новых услугах: помочь вам развлечься, сделать покупки, рассчитать ваш подоходный налог, излечить от недуга и т. д. Не требуется много времени, чтобы начать малый бизнес. Лишь изредка люди начинают по-настоящему крупный бизнес. Малый бизнес сопряжен с риском, потому что предприниматели, занятые в этой сфере, обычно действуют по вдохновению и инстинкту, они агрессивны и безрассудны. Они принимают на себя риск, на который крупный бизнес с большим количеством акционеров никогда бы не пошел.

Вот почему следует стимулировать малый бизнес и помогать его владельцам. Означает ли это, что нам следует поддерживать малые предприятия, даже если они оказываются убыточными? Нет, но нам следует обеспечивать условия для развития малого бизнеса, устранять преграды для него. Нам также следует сделать малый бизнес более привлекательным для людей».

СПИСОК

A УВЕЛИЧЕНИЕ КОЛИЧЕСТВА РАБОЧИХ МЕСТ *G*

B ПРЕДПРИНИМАТЕЛИ СПОСОБНЫ ИДТИ НА РИСК *D*

C ПОИСК НИШ НА РЫНКЕ *J*

D ЛЕГКО/ТРУДНО НАЧАТЬ *A*

E	РАЗВИТИЕ СФЕРЫ УСЛУГ	*D*
F	СТИМУЛЫ НАЧАТЬ БИЗНЕС	*D*
G	УСТРАНЯТЬ ПРЕГРАДЫ, СОЗДАВАТЬ УСЛОВИЯ ДЛЯ УСПЕХА	*F*
H	КРУПНЫЙ БИЗНЕС СКЛОНЕН ТЕРЯТЬ ЛЮДЕЙ	*A*
I	БОЛЕЕ ЭФФЕКТИВНОЕ ИСПОЛЬЗОВАНИЕ КАДРОВ	*A*
J	МАЛЫЙ БИЗНЕС РАЗВИВАЕТСЯ	*A*

Можно спросить, почему элемент *H* — КРУПНЫЙ БИЗНЕС СКЛОНЕН ТЕРЯТЬ ЛЮДЕЙ — должен перетекать в *A* — РОСТ РАБОЧИХ МЕСТ. Как будто бы здесь имеет место противоречие. Следует помнить, однако, что поток — это не причина и следствие. Поскольку большой бизнес склонен терять людей, мы приписываем рост количества рабочих мест малому бизнесу.

Можно и так посмотреть на ситуацию: поскольку крупный бизнес склонен терять людей, как нам увеличить количество рабочих мест? Оба рассуждения приводят к одному и тому же потоку-переходу.

ПОТОКОГРАММА

Потокограмма приведена на рис. 73.

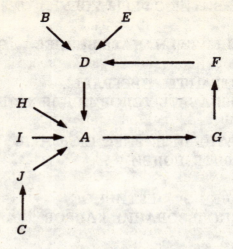

Рис. 73

Точка D

Эта точка стока говорит о том, что начать малый бизнес относительно просто. Здесь речь идет о двух аспектах: малый бизнес начать сравнительно легко и следует заботиться о том, чтобы начать его было легко.

Точка A

Данная точка стока относится как к росту количества рабочих мест, так и, соответственно, к такому благоприятному процессу, как снижение безработицы. Как видно, значительное количество факторов вносят вклад в обеспечение этого процесса.

Петля D-A-G-F

Петля на самом деле начинается в точке *G*. Создание условий для успеха увеличивает стимулы к тому, чтобы люди начинали свое дело, что, в свою очередь, способствует развитию малого бизнеса. Все это приводит к росту количества рабочих мест, что также является одной из причин, по которой малому бизнесу легче развиваться.

Можно заметить, что, хотя приведенный текст лишь в малой своей части призывает к действию и дает понять, какое действие необходимо, именно этот аспект формирует стабилизирующую петлю и является центром потокограммы. И это неудивительно, поскольку все остальное в тексте — это описания и пояснения.

В данном конкретном случае не составило труда построить потокограмму, и очень вероятно, что она вполне отражает мировосприятие автора приведенного отрывка.

При рассмотрении любого письменного или аудиоматериала необходимо отделять важные концепции от простых описательных перечней. Очень часто бывает так, что описательные перечни можно объединить в рамках одной-единственной концепции. Важнейшим условием является навык использования и формулировки концепций. Попросту невозможно включить каждый элемент в потокограмму, поэтому нужны емкие концепции, охватывающие целые аспекты восприятия.

Полезно построить несколько потокограмм с различными вариантами потоков между элементами и посмотреть, что получилось. Из полученных потокограмм можно затем выбрать наиболее подходящую, наилучшим образом отражающую суть исследуемого материала.

СТРОИМ ДОГАДКИ

Очень часто нам приходится догадываться о том, как воспринимает ситуацию другая сторона. Вернемся к проблеме, рассмотренной ранее: сосед слишком громко слушает музыку по ночам. Тогда мы составили потокограмму с точки зрения пострадавшей стороны. Попробуем теперь догадаться, какое мировосприятие имеет сосед, который любит громкую музыку.

СПИСОК

A   ЖАЛУЮЩИЙСЯ СОСЕД ПРОСТО ЧУДАК   *F*

B   СЛУШАТЬ МУЗЫКУ — ЭТО НОРМАЛЬНО   *E*

C   НЕНАВИЖУ ОГРАНИЧЕНИЯ И НРАВОУЧЕНИЯ   *H*

D   ЖАЛУЮЩИЙСЯ СОСЕД ДЕЛАЕТ ИЗ МУХИ СЛОНА   *F*

E   ЖАЛУЮЩИЙСЯ СОСЕД НИЧЕГО НЕ МОЖЕТ СДЕЛАТЬ   *F*

F	**РАНО ИЛИ ПОЗДНО ОН ПРИВЫКНЕТ**	*G*
G	**НЕ СОБИРАЮСЬ УСТУПАТЬ**	*F*
H	**НРАВИТСЯ ЭТОТ СКАНДАЛ**	*G*
I	**НИКТО ДРУГОЙ НЕ ЖАЛУЕТСЯ**	*A*
J	**ЛЮБЛЮ ГРОМКУЮ МУЗЫКУ**	*B*

Нет никакой возможности проверить, является ли этот список верным. Это просто умозрительные заключения.

Тем не менее существуют правдоподобные и неправдоподобные догадки. Оправданно в данном случае предугадывать крайние возможности — как своего рода наихудший сценарий.

ПОТОКОГРАММА

Потокограмма показана на рис. 74.

Точка *F*

Это классическая точка стока, в которую вливается огромное количество элементов потокограммы. Это суть ситуации с позиции шумного соседа: он считает, что сосед-жалобщик постепенно привыкнет к музыке и перестанет жаловаться. На этой основе жалобщик мог бы использовать стратегию постепенного увеличения числа жалоб (недовольных телефонных звонков), с тем чтобы показать, что он не намерен привыкать к шуму.

Восприятие, получившее отражение в проанализированной потокограмме, может на деле не соответствовать действительности. Соседу — любителю музыки может на самом деле быть совершенно все равно, привыкнет жалобщик к громкой музыке или нет. Он может рассудить, что его поведение — нормальное и он имеет все права так себя вести. В этом случае переходы от элемента к элементу в потокограмме могут оказаться другими.

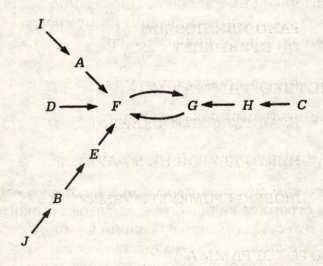

Рис. 74

НОВЫЙ СПИСОК

A ЖАЛУЮЩИЙСЯ СОСЕД ПРОСТО ЧУДАК   *B*

B СЛУШАТЬ МУЗЫКУ — ЭТО НОРМАЛЬНО   *C*

C НЕНАВИЖУ ОГРАНИЧЕНИЯ И НРАВОУЧЕНИЯ   *G*

D ЖАЛУЮЩИЙСЯ СОСЕД ДЕЛАЕТ ИЗ МУХИ СЛОНА   *B*

E ЖАЛУЮЩИЙСЯ СОСЕД НИЧЕГО НЕ МОЖЕТ СДЕЛАТЬ   *B*

F РАНО ИЛИ ПОЗДНО ОН ПРИВЫКНЕТ   *H*

G НЕ СОБИРАЮСЬ УСТУПАТЬ   *C*

H НРАВИТСЯ ЭТОТ СКАНДАЛ   *G*

I НИКТО ДРУГОЙ НЕ ЖАЛУЕТСЯ   *B*

J ЛЮБЛЮ ГРОМКУЮ МУЗЫКУ   *I*

ПОТОКОГРАММА

Новая потокограмма показана на рис. 75.

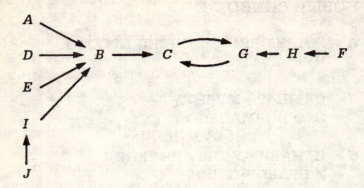

Рис. 75

Точка B

Главная точка стока теперь другая. Сосед считает, что включать громкую музыку — в порядке вещей и никто не может ему этого запретить.

Петля C-G

Соседу не нравится, когда ему ставят ограничения или читают нравоучения, поэтому он не намерен уступать.

Перед нами гораздо более сложная ситуация, по сравнению с предыдущей, и здесь могут потребоваться более веские подходы, вплоть до обращения в суд.

Поскольку вторая догадка привела к столь отличным от первой результатам, как нам узнать, какая из них лучше? Здесь трудно сказать. Возможно, будет оправданным преследовать обе стратегии:

больше жаловаться, а также заручиться объективным мнением о ситуации на стороне. В любом случае объективное мнение сторонних людей придаст больше веса вашим жалобам и также послужит свидетельством того, что жалобщик не собирается смиряться с текущим положением вещей.

ОБСУЖДЕНИЕ

Здесь мы предполагаем, что другая сторона помогает в построении потокограммы. Рассуждения здесь уместны в рамках группы, целью которой является создание совместной или групповой потокограммы. Поскольку восприятие — вещь сугубо индивидуальная, не совсем правильно составлять групповую, или «усредненную», потокограмму. Возможно, лучшим выходом будет следующий: сначала каждый член группы составляет индивидуальную потокограмму, а затем их сравнивают между собой. Вместе с тем групповая потокограмма имеет право на существование. При этом следует придерживаться определенных этапов (см. ниже).

Будем исходить из того, что построение потокограммы было уже объяснено группе и все участники понимают, что такое список потока сознания.

1. Строим список потока сознания, или базовый список: участники предлагают свои варианты, которые ведущий записывает на большом листе бумаги. Записываются все предложения подряд — чем больше, тем лучше. Затем комбинируют элементы в рамках отдельных концепций

или отбирают лишь самые значимые. Другой способ — попросить всех участников составить свои списки, после чего объединить их в один главный.
2. Для каждого элемента затем выбираем элементы, в которые они вливаются. Иногда следует проделывать это в отношении самых очевидных потоков-переходов, с которыми, безусловно, все согласятся. Там, где имеет место упорное несогласие, предлагаются варианты потоков-переходов, которые затем могут быть проверены на состоятельность. Иногда может потребоваться изменение целой концепции, или описание ее, или внесение значительных корректив в базовый список, чтобы добиться согласия в отношении потоков-переходов.
3. Строим потокограмму. Там, где не удалось достигнуть согласия по поводу потоков-переходов, составляются соответствующие потокограммы, чтобы показать возможные варианты. Различный выбор связей между элементами может оказать значительное или незначительное влияние на окончательную потокограмму.
4. Изучаем полученную потокограмму и делаем комментарии. На этом этапе все члены группы активно высказывают свои соображения.

Важно, чтобы потокограмма отражала истинные восприятия членов группы. Не должно быть так, что они предлагают лишь то, что, по их убеждению, им следует думать или полагать. Важно также предварительно донести до каждого мысль, что потокограмма — это не анализ ситуации. Потокограмма не является и диаграммой, описывающей ситуацию во внешнем мире. Потокограмма — это организованный в некий порядок поток восприятий в сознании человека.

Главное назначение группового занятия состоит в том, чтобы исследовать различия в восприятии ситуации у членов группы путем создания необходимого контекста и использования вполне осязаемого объекта для этих целей. Обсуждение, возможно, является самым главным аспектом всей работы.

ГИПОТЕЗА

Если составление потокограммы за другого человека основывается сугубо на догадках, стоит ли этим заниматься? Гипотеза также по сути своей является догадкой и вместе с тем доказала свою полезность в том, что она стимулирует поиск тестов для ее проверки. Потокограмма-«догадка» помогает нам осознать, на какие моменты нам следует обратить внимание, а какие вообще отбросить. Догадка ничего не доказывает, но при этом сообщает нам, где искать доказательство. Строя потокограмму за кого-то другого, лучше не искать восприятий человека в его действиях. Столь много различных восприятий могут вести к одному и тому же действию, что очень легко допустить ошибку.

Лучше всего строить потокограмму, основываясь на своем восприятии всей ситуации, а затем судить, соответствуют ли действия тому, что сообщает потокограмма.

В процессе переговоров, поиска взаимовыгодных условий и в конфликтных ситуациях каждая сторона стремится определить для себя, о чем думает другая сторона. Потокограмма — это способ собрать воедино все аргументы сторон, так что каждая сторона может оценить общие «параметры» мышления другой стороны.

Для политиков, рекламщиков и аналитиков рынка корректная оценка восприятий людей очень важна. Опросы дают неплохие результаты, но эффективность их неизмеримо возрастает, когда задаются именно те вопросы, которые нужно. Потокограмма помогает определить круг таких вопросов.

Как наши личные восприятия, так и восприятия других людей имеют огромное значение: восприятие может играть бóльшую роль, чем сама реальность.

ПОТОК ВНИМАНИЯ

Вы идете по лугу с высокой травой и вдруг позади слышите шорох. Ваше внимание немедленно переключается на этот шорох. Или вы рассматриваете драгоценное изделие, и продавец приносит вам другое. Ваше внимание переключается на него. Вы разговариваете с девушкой на вечеринке, и вдруг сережка срывается у нее с уха. Ваше внимание немедленно переключается на упавшую сережку.

Стоит ли удивляться, что если происходит нечто новое, то это немедленно привлекает ваше внимание? А как быть в ситуациях, когда ничего нового не происходит? Как в таких случаях происходит переключение внимания?

Можно прожить в доме в течение многих лет и не замечать в нем какой-либо особенности, пока человек, находящийся у вас в гостях, не укажет вам на нее.

У бойскаутов есть игра, которая называется, если я не ошибаюсь, «Kim's Game»: вам показывают поднос с различными предметами, который затем, через несколько мгновений, прячут. Вам предлагается вспомнить как можно больше предметов, показанных вам.

Умение запоминать вещи — дело непростое и может потребовать немало тренировок. Студентов-медиков учат замечать как можно больше симптомов у больного, что помогает в постановке правильного диагноза. Конан Дойл применил свое медицинское образование, создавая образ своего героя Шерлока Холмса.

Своего рода парадокс состоит в том, что насколько хорошо мозг подготовлен к распознаванию, настолько же нелегко ему удается подмечать мелочи. Взглянув на небольшой фрагмент знакомой картины, человек немедленно узнает всю картину. Прослушав краткий фрагмент, человек узнает всю мелодию. Возможно, никакого парадокса на самом деле нет. Мы замечаем знакомые вещи, потому что мы готовы их замечать.

В то же время все необычное также привлекает наше внимание. Все, что посередине, вряд ли легко заметить. В повседневной жизни данное свойство следует считать скорее полезным, чем вредным.

Во многих парках развлечений можно встретить водные горки, где струйка воды, текущая по пластиковому желобу, обеспечивает достаточную скользкость, чтобы ребенок с большой скоростью мог спускаться по желобу вниз. Поверхность должна быть очень гладкой. Можно себе представить неприятность, которую доставит, например, выступающая заклепка. Тот же эффект возникает, когда нечто прерывает спокойный поток внимания.

Противоположностью прерванного внимания является процесс, когда оно перетекает с объекта на объект непринужденным, естественным образом, являясь составной частью эстетического восприятия. По-своему искусство является хореографией внимания, направляя его сначала сюда, затем туда. То же можно сказать и об искусстве хорошего рассказчика. Есть передний план, задний план и циклы внимания. Например, вы смотрите на красивый дом эпохи короля Георга, окруженный деревьями. Сначала вы обводите взглядом весь пейзаж в целом. Затем вашим вниманием завладевает здание. Затем портик или парадная дверь. Потом в поле внимания вновь оказывается весь дом целиком. Этот «танец» внимания помогает нам пережить приятные ощущения от созерцания красоты. Вполне возможно, что существуют определенные вещи, которые человеческий мозг находит привлекательными в силу присущего ему внутреннего эстетического чутья. Возможно, это правда, что существуют некие пропорции, которые рождают ассоциации с пропорциями материнского лица для ребенка. Возможно, это правда, что определенный ритм оказывает на человека похожий эффект, что и стук сердца матери на плод, который она носит. В остальных вещах большую роль, скорее всего, играет то, что я называю ритмом внимания. В каком-то смысле всякое искусство есть своего рода музыка.

Внимание часто представляется нам как некто держащий фонарик для нас и направляющий луч то на один предмет, то на другой. Такое иногда случается. Когда вы находитесь в художественном музее в составе экскурсии, экскурсовод дает вам непосредственные указания, на что вам следует обращать ваше внимание. Посмотрите, как здесь использованы свет и полутени. Обратите внимание на расположение персонажей, на то, как художник использует цвет. Посмотрите, как мастерски он владеет кистью. Посмотрите на выразительность лиц. В данном случае внимание перетекает от одного объекта к другому по известной схеме, что дает возможность рассмотреть многие аспекты окружающего нас мира.

Чаще, однако, никаких заведомых схем перехода внимания нет, за исключением случаев, когда мы смотрим на вещи знакомые или легко ожидаемые. По большей части наше внимание перетекает от предмета к предмету по правилам водной логики. Когда внимание в своем течении натыкается на нечто интересное, возникают новые направления и формируются петли внимания.

Например, вы разглядываете резьбу в индуистском храме и вдруг замечаете знак свастики. Поскольку свастика ассоциируется у вас с нацистской Германией, она привлекает ваше внимание и внимание «зацикливается» на предмете: образуется петля. У вас возникает вопрос, что этот знак делает здесь, если вам при этом не известно, что на самом деле это древний индуистский символ.

В результате того, что поток внимания натыкается на какой-нибудь объект, его направление может меняться. Например, вы смотрите на экспонат в музее, а затем читаете информацию на пояснительной табличке — в результате вы обнаруживаете в экспонате новые стороны, которых прежде не замечали. Так что даже если ничего нового не происходит, внимание может обнаруживать для себя «новые явления».

Если внимание действует по правилам водной логики, тогда почему с ним не происходит то же, что с элементами базового списка, которые формировали стабильные петли? Большую часть времени мы узнаем объекты и не удостаиваем их повторным вниманием именно потому, что наш мозг оказывается заключенным в стабильную петлю восприятия. В других случаях поток внимания обнаруживает новые для себя вещи, в результате чего возникают новые петли. Любая новая информация приводит к изменению контекста и потому выводит нас из стабилизированной петли.

Поток внимания тесно связан с многогранностью и детализацией воспринимаемого объекта. Впечатляющее богатство резьбы в индуистском храме затрудняет восприятие его как одного большого объекта. С другой стороны, поток внимания у туриста, осматривающего Тадж-Махал, являет собой прекрасный пример плавного перехода от общего к частному, снова к общему, опять к частному и т. д. Когда предмет слишком детализирован, наш мозг — а с ним и внимание — быстро устает. Когда деталей не слишком много, тогда мы больше смотрим на целое и потоку внимания просто нет места — как в случае, когда вы рассматриваете некоторые современные здания. Где-то между слишком большой и малой детализацией находится богатство готического стиля. Можно провести параллель со старинным танцем моррисом*, который гораздо сложнее, скажем, современного вальса, хотя и последний может быть богат деталями и нюансами.

Разница между восприятием, которое является чисто внутренним явлением, и потоком сознания, направленным вовне, состоит в том, что внимание способно рождать новые восприятия. Такое может происходить и во внутреннем мире восприятий человека, занимающегося, например, творчеством, однако встречается гораздо реже.

В последнем случае речь идет о том, что существующие восприятия сами формируют схемы потоков, которые мы пытаемся зафиксировать посредством потокограмм.

Когда вы выгуливаете собаку, она время от времени останавливается, обнюхивает различные предметы, изучает территорию, а затем переходит на новую, которую также исследует и т. д. Поток внимания чем-то напоминает этот процесс. На рис. 76 показано, что путь потока внимания — это ряд исследовательских петель-циклов.

Принимая во внимание это свойство, на рис. 77 показаны два варианта пути, совершаемого потоком внимания. В одном случае внимание просто бродит от предмета к предмету; в другом случае путь имеет вид петель, возвращающихся к началу и становящихся с каждым разом все шире и шире. Здесь петли сменяют друг друга, но внимание, совершив полный круг, возвращается к той же начальной точ-

---

* Народный театрализованный танец; исполняется во время майских празднеств. Мужчины в средневековых костюмах изображают легендарных героев, например Робин Гуда. — *Прим. перев.*

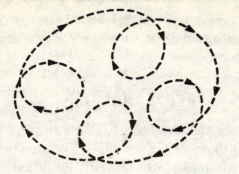

Рис. 76

Рис. 77

ке. Предполагаю, что объекты в случае потока внимания, представленного в виде петель, являются более интересными.

«*ЕСТЬ*-НОСТЬ»

Индийские философические течения делают большой упор на «*есть*-ность» — понимание того, что «есть» тот или иной объект. Если вы сядете и начнете размышлять о розе в течение трех часов, то в конце концов вы увидите «розу». В основном внимание играет практическую роль: изучает предмет, пока вы полностью его усвоите, после чего можно двигаться дальше. Как только петля восприятия стабилизировалась, можно двигаться дальше. Поэтому в конечном счете мы видим все-таки не совсем розу, а то, что обычно понимаем под ней.

Медитация есть попытка остановить поток внимания и распутать стабильные петли восприятия. Метафизическая польза от этого может быть какой угодно. Несколько похожий эффект производят наркотики, вмешиваясь в нормальный процесс нервной координации в организме, в результате чего знакомые вещи кажутся странными, поскольку установившиеся ранее петли восприятия больше не работают.

КОЛЛИЗИЯ

Известная картина Сальвадора Дали с плавящимися часами являет собой пример использования коллизии между двумя противоположными сущностями: твердостью, необходимой им для выполнения своей функции точности, и гладкими контурами плавящегося материала. Комбинирование, противопоставление и сопоставление образов с давних времен используются в искусстве. Нечто необычное привлекает наше внимание и заставляет нас задержать взгляд на этом, призадуматься и по-новому воспринять. И это относительно простой метод, используемый также плохими художниками и плохими поэтами для достижения эффекта. Выражение «холодный огонь его натуры» создает противоречие между нормальным восприятием огня как чего-то обжигающего и дополнительным образом, заключенным в слове «холодный». Разум оказывается в затруднении, как бы колеблясь между двумя образами, эффект при этом возникает более сильный, чем от слов «огонь его натуры». Настоящая описательная находка, оказывается, может заключаться в словах «холодный огонь», подразумевающих холодную, расчетливую и беспощадную натуру.

Искусство во многом определяется потребностью нарушать обычные представления. Внимание в норме выполняет свою функцию и двигается дальше. Поток внимания обычно играет отсеивающую роль. Искусство стремится выделить главное в окружающем мире, сделать восприятие более обостренным и дать возможность человеку заглянуть в суть вещей. Это достигается посредством нарушения привычных восприятий, сопоставления, казалось бы, несопоставимых вещей, задания новых рамок восприятия.

Если бы наше внимание было поваром, оно занималось бы тем, что постоянно готовило бы те же самые блюда. Вмешиваясь в эту кулинарию, добавляя новые ингредиенты и удаляя надоевшие, искусство призвано возбуждать наши вкусовые сенсоры с помощью новых блюд, что позволяет нам по-новому воспринять давно знакомые вещи.

Когда импрессионисты впервые начали выставлять свои работы, большинство критиков и знатоков называли их чудовищными, уродливыми. Так было потому, что на их картины смотрели с позиций восприятия традиционной, классической живописи. Людям надо было научиться смотреть на новые картины по-другому, чтобы оценить их красоту. Если рассмотреть крайность, к примеру, выставить кучу кирпичей в художественной галерее в качестве произведения искусства и попросить людей воспринимать это именно так, тогда они действительно станут произведением искусства. Это возвращает нас к тому, что я назвал «*есть*-ность». Мы обычно воспринимаем кирпичи лишь в качестве обычного строительного материала, но если нам разорвать привычную петлю восприятия, то мы можем увидеть их в новом качестве, сохраняя в своем сознании отдаленное понятие об их назначении в строительстве.

СПУСКОВОЙ КРЮЧОК

Палец на спусковом крючке способен вызвать выстрел из детского водяного пистолета или же взрыв атомной бомбы. Нет прямой зависимости между силой нажатия на спусковой крючок и мощью вызванного эффекта. Система настроена на пуск, и вы приводите в действие пусковой механизм. Восприятие также оперирует заданными схемами, готовыми быть приведенными в действие. Спусковые крючки, или стимулы, получаемые нами из внешнего мира, приводят в движение потоки сознания, которые формируют стандартные восприятия. Это напоминает детскую головоломку, где от ребенка требуется соединить линиями точки, чтобы получить рисунок.

Восприятие зависит от получаемых нами стимулов, прошлого опыта и процессов самоорганизации в мозге. Именно последние рассматриваются в настоящей книге. Эти процессы включают формирование временных стабильных состояний, которые затухают, после чего сменяются аналогичными состояниями, и это лежит в основе потоков водной логики. Последние, в свою очередь, стабилизируются в петли, под которыми мы и понимаем стандартные восприятия.

Поток внимания определяется стимулами внешнего мира, а также процессами восприятия, которые определяют, куда нам следует направлять свое сознание с целью определения, отвечают ли стандарты восприятия реалиям ситуации. Это очень напоминает разговор: в процессе разговора вы слушаете, что вам говорят, но ваш мозг при этом размышляет о чем-то другом. Итак, мы обращаем внимание на внешний мир, но наш собственный мозг при этом занят собственными восприятиями и их потоками. Так же как листья на дереве все «перетекают» по веточкам в ствол дерева, так и различные ощущения и сигналы «дренируют» в существующую систему восприятия.

УПРАВЛЕНИЕ ВНИМАНИЕМ

Поток внимания определяется состоянием внешнего мира, схемами восприятия в нашем мозге, контекстом момента и характером нашей деятельности. Является ли естественный поток внимания наилучшим или наиболее эффективным? Можно говорить о его высокой эффективности для целей долгосрочного выживания видов: не тратьте энергию на то, что вам уже известно или что не представляет большого значения в данный момент времени.

Однако в других отношениях его эффективность, безусловно, недостаточна. Главная цель университетского образования — обучить решению более сложных и глубоких задач, что требует умения направлять и фиксировать внимание. Указания экскурсовода в художественном музее, которые я приводил выше, являются самым простым примером управления вниманием. Такой простой подход может показаться слишком грубым и механическим, однако, применяемый умело, он позволяет добиваться неплохих результатов.

Самый первый урок в составе программы CoRT для непосредственного обучения навыкам мышления в школах рассказывает о простом методе управления вниманием, называемом ПМИ. Вначале учащийся направляет свое внимание на позитивные аспекты ситуации, затем на негативные и, наконец, на интересные аспекты. Если бы, как утверждают некоторые, это ничем не отличалось от нормального поведения людей, тогда упражнение не давало бы результатов, отличающихся от результатов контрольной группы. Мы же получали поистине огромные различия.

Здесь нет никакой загадки. Результатом нормального потока внимания является эмоциональная реакция, которая определяет такой поток внимания, который поддерживает данную реакцию. ПМИ обеспечивает базовое изучение предмета, перед тем как в отношении него выносится суждение. И данный подход нельзя назвать естественным. Естественным являются скорейшие интерпретация, узнавание и суждение. Чем выше скорость этих процессов, тем лучше это для долгосрочных шансов вида на выживание.

Потокограммы, представленные в данной книге, являются инструментами управления вниманием в том смысле, что в процессе изучения потокограммы наше внимание оказывается направленным на важные аспекты своего восприятия.

ТРУДНОСТИ

С какими основными трудностями можно столкнуться при использовании метода потокограмм?

Первой проблемой, скорее всего, станет неадекватный базовый список. Он может быть по-настоящему неадекватным или лишь казаться вам таковым. У вас может возникнуть ощущение, что в списке потока сознания не хватает того элемента точности, который вы связываете с обстоятельным анализом. Нет никаких оснований так считать по причинам, которые я описывал выше. Имеет место так называемый «эффект голограммы», подразумевающий, что в сфере восприятия каждый аспект отражает часть целого. Другая причина состоит в том, что водная логика отличается от каменной логики. Добавление к дереву какого-то количества новых листьев сколько-нибудь существенно не меняет структуру дерева.

Ваш базовый список действительно может оказаться неадекватным в том смысле, что вы включили в него слишком много деталей и слишком мало концепций. Концепции важны, поскольку охватывают сразу несколько вещей и явлений. Если вам кажется, что вы склонны к слишком большой детализации, еще раз пробежитесь по списку, стараясь заменить отдельные элементы на более широкие понятия — концепции. Например, вместо элемента «туфли» можно подставить более широкое понятие «обувь» или даже еще шире — «материальные потребности». Другой подход состоит в том, чтобы составить еще более длинный список, а затем внимательно просмотреть его и уменьшить количество элементов посредством объединения некоторых из них. В норме бывает нелегко составить базовый список из десяти хороших элементов; список из двадцати элементов — это по-настоящему трудная задача.

Если же, напротив, составление списка не вызывает у вас трудностей, следует продолжать, пока ручей новых идей совсем не иссякнет. После этого следует просмотреть список повторно и попытаться сократить.

Чтобы научиться составлять корректные базовые списки, необходимо поупражняться. Это похоже на упражнения, необходимые для того, чтобы научиться кататься на велосипеде: не то чтобы трудно, но скорее непривычно, и если тренироваться достаточно долго, в конце концов необходимый навык будет приобретен.

Следующей возможной трудностью может стать корректное определение потоков между элементами базового списка. Это может оказаться делом действительно сложным, поскольку наш разум гораздо более ориентирован на «причину и следствие», чем на «поток». При этом вы можете столкнуться с двумя основными трудностями: элементу списка сложно поставить в соответствие какой-нибудь другой элемент или же возможных потоков-переходов для конкретного элемента может оказаться так много, что оказывается сложно выбрать один из них.

Если связи между элементами сразу обнаружить не удается, тогда попытайтесь взглянуть на вещи по-другому: какие элементы списка естественным образом приходят в голову после этого элемента? К какой сфере деятельности/знания принадлежит данный элемент, имеется ли какой-нибудь другой элемент из этой же сферы? Что вытекает из данного элемента? Может быть, имеется недостающее или «скрытое» связующее звено, которое способствовало бы наведению мостов?

Если не получается с одного конца, зайдите с другого. О каком из всех элементов, менее всего подходящих для рассматриваемой связи, можно сказать, что это свойственно ему менее всего? Под какой элемент можно подвести какое-нибудь обоснование, которое повысит его шансы быть избранным?

В случаях, когда число возможных потоков-переходов слишком велико, используйте следующие общие правила. Постарайтесь максимально избегать возвращений к элементу, положившему начало потоку-переходу. Например, если вы соединили *А* и *Н*, старайтесь не соединять *Н* с *А*. Иногда это неизбежно и необходимо, но в целом было бы слишком просто разворачивать потоки вспять и слишком просто таким образом задавать стабильные петли. Старайтесь не выбирать самую емкую концепцию, поскольку это самое простое. Постарайтесь выбирать самое прочное и обоснованное соединение, а не самое простое. Под самым прочным соединением я понимаю такое, при котором из одного элемента второй вытекает самым естественным образом.

Если ваши сомнения по-прежнему сильны, попробуйте составить еще одну или несколько потокограмм, всякий раз с новым набором восприятий.

Можно рассмотреть простой пример, чтобы проиллюстрировать приведенные выше соображения.

ТЕМА

Некто подумывает о новой работе. Пока ему не предлагают ничего подходящего, но он серьезно подумывает сменить место работы.

СПИСОК

- *A* НЫНЕШНЯЯ РАБОТА СКУЧНА
- *B* ЛУЧШИЕ ПЕРСПЕКТИВЫ
- *C* НУЖНЫ ПЕРЕМЕНЫ
- *D* НОВЫЕ ЛЮДИ
- *E* БОЛЕЕ ВЫСОКАЯ ЗАРПЛАТА
- *F* НАЧАТЬ ВСЕ ЗАНОВО
- *G* ИЗМЕНИТЬ СОБСТВЕННЫЙ ИМИДЖ
- *H* БОЛЕЕ ВЫГОДНОЕ МЕСТОРАСПОЛОЖЕНИЕ
- *I* ПРОБЛЕМЫ/СУЕТА, СВЯЗАННЫЕ С ПЕРЕМЕНОЙ РАБОТЫ
- *J* НЕТ ГАРАНТИЙ, ЧТО НОВАЯ РАБОТА БУДЕТ ЛУЧШЕ

Начнем с *A* — НЫНЕШНЯЯ РАБОТА СКУЧНА. По всей видимости, *A* перетекает прямо в *C* — НУЖНЫ ПЕРЕМЕНЫ. Здесь также возможна связь с *D* — НОВЫЕ ЛЮДИ — или с *F* — НАЧАТЬ ВСЕ ЗАНОВО, если у человека, составляющего потокограмму, имеются, скажем, проблемы с коллегами на его нынешней работе или имиджем. Личные нюансы повлияют на то, в какой элемент все же перетечет *A*.

B — ЛУЧШИЕ ПЕРСПЕКТИВЫ — напрямую ведет к *E* — БОЛЕЕ ВЫСОКАЯ ЗАРПЛАТА. В определенном смысле более высокая зарплата является частью лучших перспектив.

Элемент *C* — НУЖНЫ ПЕРЕМЕНЫ — представляет более трудный случай, поскольку может вести назад к *A* — НЫНЕШНЯЯ РАБОТА СКУЧНА. Другими вариантами являются *F* — НАЧАТЬ ВСЕ ЗАНОВО — или же *I* — ПРОБЛЕМЫ/СУЕТА, СВЯЗАННЫЕ С ПЕРЕМЕНОЙ РАБОТЫ, — в том смысле, что любая перемена в жизни сопровождается проблемами и суетой. Выберем вариант *F* — НАЧАТЬ ВСЕ ЗАНОВО.

D — НОВЫЕ ЛЮДИ — может перетекать в *F* — НАЧАТЬ ВСЕ ЗАНОВО — или *A* — НЫНЕШНЯЯ РАБОТА СКУЧНА, в зависимости от предпочтений человека, составляющего потокограмму. Если у человека трудности в общении с людьми, тогда *F* — НАЧАТЬ ВСЕ ЗАНОВО — представляется более подходящим. В иных случаях уместен вариант *A* — НЫНЕШНЯЯ РАБОТА СКУЧНА.

E — БОЛЕЕ ВЫСОКАЯ ЗАРПЛАТА — легко связать назад с *B* — ЛУЧШИЕ ПЕРСПЕКТИВЫ, поскольку это почти синонимы. Вместо этого мы выбираем *H* — БОЛЕЕ ВЫГОДНОЕ МЕСТОРАСПОЛОЖЕНИЕ. Это может показаться странным. Идея состоит в том, что более высокая зарплата и более выгодное месторасположение являются основаниями для того, чтобы человек хотел перемен. Связь здесь типа «и». Это в духе потока сознания.

F — НАЧАТЬ ВСЕ ЗАНОВО — имеет связь с *G* — ИЗМЕНИТЬ СОБСТВЕННЫЙ ИМИДЖ. Также можно усмотреть связь с *D* — НОВЫЕ ЛЮДИ, если для некоего конкретного человека проблему составляют люди.

G — ИЗМЕНИТЬ СОБСТВЕННЫЙ ИМИДЖ — может перетекать назад в *F* — НАЧАТЬ ВСЕ ЗАНОВО, но более прочная связь, без сомнения, имеет место с *C* — НУЖНЫ ПЕРЕМЕНЫ.

H — БОЛЕЕ ВЫГОДНОЕ МЕСТОРАСПОЛОЖЕНИЕ — может перетекать в *B* — ЛУЧШИЕ ПЕРСПЕКТИВЫ, являясь по определению лучшей перспективой и фактором более высокого качества жизни. Понятие «качество жизни» выступает неявным связующим звеном.

I — ПРОБЛЕМЫ/СУЕТА, СВЯЗАННЫЕ С ПЕРЕМЕНОЙ РАБОТЫ, — ведет к *J* — НЕТ ГАРАНТИЙ, ЧТО НОВАЯ РАБОТА БУДЕТ ЛУЧШЕ, и лучшую связь подобрать трудно, поскольку оба являются отрицательными аспектами в рассматриваемой проблеме.

J — НЕТ ГАРАНТИЙ, ЧТО НОВАЯ РАБОТА БУДЕТ ЛУЧШЕ, — ведет назад к *I* — ПРОБЛЕМЫ/СУЕТА, СВЯЗАННЫЕ С ПЕРЕМЕНОЙ РАБОТЫ.

ПОТОКОГРАММА

Потокограмма приведена на рис. 78. Интересно, что она оказалась разбитой на три стабильные петли.

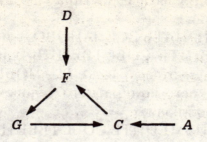
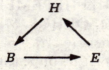

Рис. 78

Петля C-F-G

Данная петля имеет дело с негативными причинами, по которым человек желает перемен. Иными словами, речь идет о причинах, по которым текущее положение вещей не является удовлетворительным: НУЖНЫ ПЕРЕМЕНЫ, НАЧАТЬ ВСЕ ЗАНОВО, ИЗМЕНИТЬ СОБСТВЕННЫЙ ИМИДЖ. Другой негативный фактор, «подпитывающий» петлю, состоит в том, что текущая работа скучна. Фактор НОВЫЕ ЛЮДИ может являться негативным, если с людьми на текущей работе трудно или скучно, однако в иных случаях он может рассматриваться в качестве положительного фактора: все зависит от конкретной ситуации и индивидуального восприятия.

Петля B-E-H

Данная петля имеет дело с надеждами на перемены и позитивными аспектами перемен: ЛУЧШИЕ ПЕРСПЕКТИВЫ, БОЛЕЕ ВЫСОКАЯ ЗАРПЛАТА И БОЛЕЕ ВЫГОДНОЕ МЕСТОРАСПОЛОЖЕНИЕ. Это то, к чему стоит стремиться. Можно возразить, что если текущие зарплата, перспективы и месторасположение являются плохими, то данные факторы приобретают негативный оттенок. Как бы то ни было, они относятся скорее к новой ситуации, чем к текущей.

Петля I-J

Данная простая петля сводит вместе ПРОБЛЕМЫ/СУЕТА, СВЯЗАННЫЕ С ПЕРЕМЕНОЙ РАБОТЫ, и НЕТ ГАРАНТИЙ, ЧТО НОВАЯ РАБОТА БУДЕТ ЛУЧШЕ. Вполне логично, что эти два элемента образовали свою собственную петлю, поскольку они не зависят от причин, по которым человеку хочется перемен. Решение о переменах в жизни не нужно отделять от трудностей, с которыми сопряжены эти перемены, поскольку иначе данные факторы играют слишком большую роль в принятии такого решения.

Построенная потокограмма, кажется, вполне удовлетворительно справилась с задачей графической передачи восприятий, вовлеченных в рассматриваемую ситуацию. У другого человека в подобной ситуации связи между элементами и полученная потокограмма могут быть другими.

Например, причиной желания поменять работу может быть плохой начальник или отсутствие в коллективе мужчин/женщин, не состоящих в браке, поскольку, как хорошо известно, очень много людей вступают в брак с людьми из своего трудового коллектива. Восприятия — это всегда вещь сугубо индивидуальная.

В конкретных случаях найти связи между отдельными восприятиями всегда легче, чем в абстрактных или общих, ввиду того что в первом случае контекст, как правило, тоже более конкретен. Когда вы смотрите на потокограмму, составленную другим человеком, вам нередко хочется сказать: «Я бы по-другому соединил между собой элементы». Однако вы не вправе говорить человеку, что его потокограмма неправильна только потому, что вы видите вещи по-другому.

ОШИБКИ

Может ли потокограмма быть составлена ошибочно? Поскольку ни одна потокограмма не претендует на правильность, ей трудно быть и ошибочной. Потокограмма — это гипотеза или предположение. Это вспомогательный способ взглянуть на взаимосвязи между нашими восприятиями. Если нам не нравится то, что мы видим, есть возможность выяснить, что именно нам не нравится. Когда нас что-либо удивляет на потокограмме, может оказаться, что нас посетило откровение: «Я и не подозревал, что это играет такую важную роль в данном случае».

Поскольку в основном мы обращаем внимание на точки стока и стабильные петли, есть опасность, что мы обойдем вниманием один из других важных элементов, который не стал стоком, но заслуживает, однако, того, чтобы ему отдали должное. В определенном смысле так и должно быть, поскольку стоки и петли действительно являются доминирующими в восприятии. Нам обычно кажется, что важные моменты должны занимать центральное место в восприятии, но в действительности этого часто не происходит. Потокограмма же является образом того восприятия, какое есть, а не какое оно должно быть.

Есть также опасность получить ложную потокограмму, когда мы строим ее, намеренно подбирая элементы и связи между ними, стараясь получить требуемую, как нам кажется, картину восприятия. В таких случаях мы обманываем самих себя. На любую тему можно составить сколько угодно потокограмм. Можно менять связи между элементами и получать разные потокограммы. Можно изменить некоторые элементы базового списка, результатом чего станут новые потокограммы.

Исследуйте как можно больше потокограмм и посмотрите, какие уроки можно из них извлечь.

Когда вы составляете потокограмму за других, есть риск полностью исказить истинное положение вещей. Всегда следует помнить об этом. Ваше восприятие того, как другой человек воспринимает нечто, может упустить что-то очень важное. Если есть возможность как-то проверить, соответствует ли ваше восприятие истинному положению дел, тогда ее непременно надо использовать. Если нет — тогда разработайте стратегию, которая учитывала бы различные варианты. Или же просто примиритесь с мыслью, что вы, возможно, все неправильно воспринимаете, следуйте некоей стратегии и будьте готовы изменить ее, если она окажется малодейственной.

ПОДВЕДЕМ ИТОГИ

Традиционная каменная логика основана на слове «есть», которое ведет нас к понятиям «что есть предмет», «истина», «противоречие» и «логика». Математика основана на знаке «равно», который позволяет нам следовать правилам «игры» в математической вселенной. В основе водной логики — словосочетание «в направлении к» и концепция «потока». В рамках определенных систем поток ведет к стабильным петлям. Стабильная петля — это не то же, что есть «истина». Это нечто, что мы можем научиться использовать, точно так же как нас в свое время научили пользоваться истиной.

На рис. 79 символами показана разница между тремя системами: каменной логикой, математикой и водной логикой. Это, конечно, упрощенный взгляд, но он позволяет увидеть различия.

На самом деле нам сложно мыслить в духе водной логики, поскольку сам наш язык и привычки мышления слишком прочно основаны на камен-

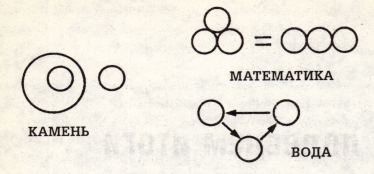

Рис. 79

ной логике. Нас может отчасти заботить прагматизм и то, «куда» ведет та или иная ситуация, но все равно наше сознание прочно привязано к каменной логике, и мы постоянно возвращаемся к ней, когда задаем такой вопрос, как: «Верно ли это?»

Как я уже отмечал, материал данной книги изложен очень просто. Я хотел предоставить метод, который люди могли бы использовать для своих собственных нужд, а не просто почитали бы о нем для ознакомления. Водная логика гораздо более глубока и обширна, чем то, что я описал в этой книге, но я не хотел отпугнуть читателя более сложными вещами. Надеюсь вернуться к этому предмету в своих следующих работах.

Есть две основные теоремы, и обе они чрезвычайно просты.

1. В любой системе с конечным числом состояний и фактором усталости, откуда ни начни,

всегда рано или поздно установится стабильная петля.
2. В рамках заданного контекста X, *A* всегда ведет к *B*.

В книге я показал, что нейронные комплексы в мозге ведут себя как самоорганизующиеся системы, благодаря чему восприятия могут структурироваться в стабильные состояния. Здесь нет ничего таинственного. Это простое фундаментальное поведение самоорганизующихся систем, вполне соответствующее тому, что нам известно о нейронных комплексах.

Несмотря на то что это поведение является простым, оно чрезвычайно эффективно. Я рассматриваю его более подробно в своей книге «Я прав — ты нет» («I am Right — You are Wrong»). Данный тип мышления является общепризнанным среди многих ученых, изучающих поведение мозга, хотя он был далек от общепризнанного, когда я писал о нем в 1969 году в своей книге «Механизм разума» («Mechanism of Mind»).

Меня не интересует простой анализ и описание поведения мозга, как меня не интересует и конструирование компьютеров, которые мыслят по подобию человеческого мозга. В чем я заинтересован, так это в способах совершенствования человеческого мышления.

Поэтому у этой книги есть практическая сторона — метод потокограмм. Он получает в книге подробное описание, снабженное большим количеством примеров.

Составление потокограммы — дело незатейливое. Имеется список потока сознания, или базовый список. Каждому элементу списка присваивается связь с другим элементом. Результат построения связей изображается графически в виде схемы. Теперь мы имеем возможность посмотреть на то, какую «форму» имеют наши восприятия.

Восприятия глубоко индивидуальны, и нельзя считать их верными или ложными, за исключением случая, когда вы строите потокограмму за другого человека, лишь догадываясь о его восприятиях. Потокограмма — это всегда лишь гипотеза, которую мы изучаем, с тем чтобы исследовать собственные восприятия. В ходе такого исследования мы можем выявить точки-коллекторы, или стоки, которые «притягивают» к себе другие элементы потокограммы. Такие точки очень часто играют доминирующую роль в восприятии.

Кроме того, в потокограмме имеются стабильные петли, которые выполняют функцию стабилизаторов восприятия.

С помощью потокограмм мы имеем возможность вникнуть в суть наших восприятий и даже заглянуть глубже в то, что происходит вокруг. Потокограмма помогает нам понять, что некоторые моменты более важны, а другие — менее, чем мы предполагали.

Мы также имеем возможность вмешаться и посмотреть, как наши восприятия можно было бы изменить. Хотя мы осуществляем вмешательство во внутренний мир восприятий, нас при этом могут посетить идеи, которые можно с успехом применить во внешнем мире. Таким образом, основываясь на потокограммах, мы в состоянии строить стратегии поведения. Такие стратегии подсказаны нам потокограммой, но проверять их состоятельность следует иным способом. Это же касается и любой гипотезы.

Можно строить потокограммы за других людей. Поможет вам в этом обсуждение, как в случае групповой работы. Другая возможность состоит в том, чтобы строить потокограмму, основываясь на том, что другой человек написал или произнес. И наконец, можно попытаться построить потокограмму, просто предполагая, каково мировосприятие у данного лица. Такие потокограммы также способны подсказать нам стратегию или план действий.

В книге я подчеркиваю огромное значение контекста в водной логике. Я также рассказываю о том, что концепции обеспечивают подвижность и гибкость мышления. Концепции не всегда должны быть точными, поскольку мы ведем речь о водной логике, а не о каменной, которой необходимы определенность и точность. Если мы не научимся обращаться с концепциями, то рискуем увязнуть в мелких фактах бытия. Концепции также важны при составлении базового списка для потокограммы.

Контекст имеет огромное значение в водной логике. Меняется контекст — меняются потоки-переходы от одного состояния к другому. Любая связь, осуществляемая потоком-переходом, должна рассматриваться в определенном контексте. Хотя контекст столь важен, это не усложняет задачи составления потокограммы при условии, что речь идет об одном конкретном моменте времени. Контекст в рассматриваемый момент времени станет определяющим для всей потокограммы, которая становится картиной восприятия, имеющего место на данный момент времени. Большинство разногласий на самом деле основаны на различиях в контексте. Вместе с тем мы направляем свое мышление на поиск различий в «истине», отстаиваемой сторонами в споре.

В последних главах книги я рассказываю о потоке внимания и его связи с эстетикой и искусством. На поток внимания в какой-то мере оказывает влияние ситуация во внешнем мире, частично — модели восприятия внутреннего мира, а также механизмы управления вниманием, которые мы развили в себе.

Имеется тесная связь между восприятием и потоком внимания. Объекты внешнего мира, привлекая наше внимание, приводят в действие механизмы восприятия, которые мы используем для того, чтобы «видеть» окружающий мир. Как и другие аспекты восприятия, данный аспект заслуживает дальнейшего исследования.

Посредством данной книги я хотел достигнуть трех целей:

1. Познакомить читателя с водной логикой.
2. Показать читателю, что в основе водной логики восприятия лежит самоорганизующаяся природа нейронных комплексов мозга.
3. Предложить практический метод, позволяющий визуально представить потоки нашего

восприятия, благодаря чему мы можем видеть «форму» наших мыслей, — речь идет о методе потокограмм.

Вы можете применять метод потокограмм, даже если не принимаете — или не понимаете — того, что лежит в его основе. Назначение любой концептуальной модели состоит в том, чтобы предложить нечто полезное и практически применимое. И уже это само по себе является примером водной логики: «Куда это нас ведет?»

Я отдаю себе отчет, что жесткие каноны каменной логики, прочно засевшие в умах людей, не позволят многим из них адекватно воспринять данную книгу. В то же время многим, безусловно, понравится гибкость, которую можно найти в водной логике, поскольку они давно уже заметили, что каменная логика совершенно неуместна, когда мы имеем дело с восприятиями. А восприятия имеют такое большое значение!

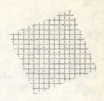

СОДЕРЖАНИЕ

ПРЕДИСЛОВИЕ 3
ВВЕДЕНИЕ 8
   СТРУКТУРА КНИГИ 11
ВНЕШНИЙ МИР, ВНУТРЕННИЙ МИР 15
ВОДНАЯ ЛОГИКА 25
   «КУДА» 28
ТАНЕЦ МЕДУЗЫ 37
   СТАБИЛЬНОСТЬ 49
   САМООРГАНИЗАЦИЯ 50
КАК В МОЗГЕ РОЖДАЮТСЯ ВОСПРИЯТИЯ 52
   САМООРГАНИЗАЦИЯ 61
   АСПЕКТЫ ВОСПРИЯТИЯ 66
   РАЗЛИЧЕНИЕ 68
   СМЫСЛ 70
   ЗНАЧЕНИЕ СЛОВ 71
   МИФЫ И «ПОЧЕМУ» 72
   ЗАКРЫТИЕ 75
   ПЕРЕХОД 76
   УРОВНИ ОРГАНИЗАЦИИ 78
   ОБЩИЕ ПРИНЦИПЫ ПОВЕДЕНИЯ СИСТЕМЫ 78
ПОТОКОГРАММЫ 82
   СПИСОК ПОТОКА СОЗНАНИЯ 83
   ИССЛЕДУЕМ ПОТОКОГРАММУ 89
   ВНУТРЕННИЙ И ВНЕШНИЙ МИР 106

ПРАКТИЧЕСКИЙ МЕТОД 108

ПОТОК СОЗНАНИЯ — БАЗОВЫЙ ПЕРЕЧЕНЬ 110
ПРИНЯТИЕ РЕШЕНИЙ 118

БОЛЕЕ СЛОЖНЫЕ ПОТОКОГРАММЫ 120
СЛОЖНОСТЬ 137

КОНЦЕПЦИИ 139
КОНЦЕПЦИИ, КАТЕГОРИИ И АРИСТОТЕЛЬ 142
ОБЪЕДИНЕНИЕ И РАЗДЕЛЕНИЕ 145
КОНЦЕПЦИИ И ГИБКОСТЬ 147
ПРЕДКОНЦЕПЦИИ И ПОСТКОНЦЕПЦИИ 149
НЕЧЕТКИЕ КОНЦЕПЦИИ 152
РЕШЕНИЕ ОТ ОБРАТНОГО И ВЕЕР КОНЦЕПЦИЙ ... 153
КОНЦЕПЦИИ И МЫСЛИТЕЛЬНЫЙ ПРОЦЕСС ... 156

ВМЕШАТЕЛЬСТВО 157
ДЕЙСТВИЕ 179

КОНТЕКСТ, УСЛОВИЯ И ОБСТОЯТЕЛЬСТВА 181
СОЗДАНИЕ КОНТЕКСТОВ 186
ТОЧНОСТЬ И ПОЛЕЗНОСТЬ 188

ПОТОКОГРАММЫ ДЛЯ ДРУГИХ ЛЮДЕЙ 190
ПОТОКОГРАММА НА ОСНОВЕ ПИСЬМЕННОГО ИЛИ УСТНОГО МАТЕРИАЛА 191
СТРОИМ ДОГАДКИ 196
ОБСУЖДЕНИЕ 201
ГИПОТЕЗА 203

ПОТОК ВНИМАНИЯ 205
«*ЕСТЬ*-НОСТЬ» 212
КОЛЛИЗИЯ 212
СПУСКОВОЙ КРЮЧОК 214
УПРАВЛЕНИЕ ВНИМАНИЕМ 216
ТРУДНОСТИ 217
ОШИБКИ 226

ПОДВЕДЕМ ИТОГИ 229

ПО ВОПРОСУ ПРИОБРЕТЕНИЯ КНИГ ОБРАЩАТЬСЯ:
г. Минск, тел. (8-10-375-17) 237-29-76;
e-mail: popuri@mail.ru; www.popuri.ru;
г. Москва, Издательский дом «Белкнига»,
тел. (095) 675-21-88; e-mail: popuri-m@mail.ru;
г. Новосибирск, «Топ-Книга», тел. (383) 336-10-28;
книга—почтой: 630117, а/я 560; Интернет-магазин:
www.top-kniga.ru; e-mail: office@top-kniga.ru

Научно-популярное издание

БОНО Эдвард де

ВОДНАЯ ЛОГИКА

Перевод с английского — *Е. А. Самсонов*
Оформление — *М. В. Драко*
Компьютерная вёрстка оригинала-макета — *И. П. Моисеева*
Корректор *Ю. П. Красовская*

Подписано в печать с готовых диапозитивов 3.11.2005.
Формат 84×108/32. Бумага газетная. Печать офсетная.
Усл. печ. л. 12,60. Уч.-изд. л. 5,59. Тираж 3500 экз. Заказ № 2917.

Санитарно-эпидемиологическое заключение
№ 77.99.02.953.Д.001876.04.05 от 12.04.2005 г.

ООО «Попурри». Лицензия № 02330/0056769 от 17.02.04.
Республика Беларусь, 220113, г. Минск, ул. Восточная, 133—601.

При участии ООО «Харвест». Лицензия № 02330/0056935 от 30.04.04.
РБ, 220013, г. Минск, ул. Кульман, д. 1, корп. 3, эт. 4, к. 42.

Республиканское унитарное предприятие
«Издательство "Белорусский Дом печати"».
Республика Беларусь, 220013, г. Минск, пр. Независимости, 79.